CATALOGUE

DES

OBJETS D'ART

DE

HAUTE CURIOSITÉ

ET DE

RICHE AMEUBLEMENT

Provenant de l'importante Collection de feu

M. le Baron ACHILLE SEILLIÈRE

AU CHATEAU DE MELLO

ET DONT LA VENTE AURA LIEU

GALERIE GEORGES PETIT

Les Lundi 5, Mardi 6, Mercredi 7, Jeudi 8, Vendredi 9
et Samedi 10 Mai 1890

A DEUX HEURES

Mᵉ PAUL CHEVALLIER	M. CHARLES MANNHEIM
COMMISSAIRE-PRISEUR	EXPERT
10, rue de la Grange-Batelière, 10	7, rue Saint-Georges, 7

EXPOSITIONS

PARTICULIÈRE : *Le Samedi 3 Mai 1890, de 1 heure à 6 heures.*
PUBLIQUE : *Le Dimanche 4 Mai 1890, de 1 heure à 5 heures.*

CONDITIONS DE LA VENTE

Elle sera faite au comptant.

Les adjudicataires payeront *cinq pour cent* en sus des enchères, applicables aux frais.

L'exposition mettant le public à même de se rendre compte de l'état des objets, il ne sera admis aucune réclamation une fois l'adjudication prononcée.

COLLECTION

SEILLIÈRE

PARIS. — IMPRIMERIE DE L'ART
E. MÉNARD ET Cie, 41, RUE DE LA VICTOIRE

ORDRE DES VACATIONS*

Le Lundi 5 Mai 1890

Terres émaillées des Robbia.	Nos	1 à 20
Faïences italiennes	—	21 à 85
Tableaux	—	624 à 661

Le Mardi 6 Mai 1890

Faïences de Delft.	Nos	86 et 87
Grès de Raeren	—	88 à 92
Faïences de Palissy.	—	93 à 136
Faïences françaises.	—	137 à 186

Le Mercredi 7 Mai 1890

Émaux champlevés.	Nos	187 à 202
Émaux de Limoges.	—	203 à 224
Émaux vénitiens.	—	225 à 227
Vitraux.	—	228 à 237
Verrerie de Venise.	—	238 à 283
Antiquités.	—	284 à 301

Le Jeudi 8 Mai 1890

Armes et Fers.	Nos	302 à 306
Bijoux et Divers.	—	307 à 316
Matières dures et Marbres.	—	317 à 331
Sculptures en marbre.	—	332 à 339
Orfèvrerie.	—	340 à 373
Porcelaines de Sèvres.	—	374 à 388
Porcelaines de Saxe et autres	—	389 à 391
Porcelaines de Chine.	—	392 à 414
Porcelaines du Japon.	—	415 à 427

* N. B. — L'ordre numérique ne sera pas suivi.

Le Vendredi 9 Mai 1890

Bronzes d'art	Nos	428 à 471
Cuivres.	—	472 à 484
Cuivres de l'Orient.	—	485 à 491
Bronzes de l'Orient.	—	492 à 496
Horlogerie	—	497 à 506
Meubles en bois sculpté.	—	540 à 555

Le Samedi 10 Mai 1890

Bronzes d'ameublement.	Nos	507 à 539
Meubles Louis XIV, Louis XV et Louis XVI.	—	556 à 606
Meubles en bois sculpté et doré	—	607 à 614
Sièges	—	615 à 620
Tapisseries	—	621 à 623

Le présent Catalogue se trouve à

Paris.	Chez M⁰ Paul Chevallier, commissaire-priseur, 10, rue de la Grange-Batelière.
—	Chez M. Charles Mannheim, expert, 7, rue Saint-Georges.
Londres.	Chez M. Agnew, 40, Old Bond Street.
—	Chez M. F. Davis, New Bond Street, 147.
—	Chez M. Donaldson, New Bond Street.
—	Chez MM. Durlacher brothers, 23 a, Old Bond Street.
—	Chez MM. Wertheimer and Sons, 154, New Bond Street.
Berlin.	Chez MM. Asher et Cⁱᵉ, libraires.
Vienne	Chez MM. Egger frères.
Munich	Chez M. A. S. Drey, antiquaire, 39, Maximilianstrasse.
Francfort-sur-Mein. .	Chez MM. Lœwenstein frères, 4, Kaiserstrasse.
—	Chez MM. J. et S. Goldschmidt, Rossmarkt.
Bruxelles	Chez M. Victor Le Roy, 18, rue des Chevaliers.
Cologne	Chez MM. Bourgeois frères.
Amsterdam	Chez M. J. Boasberg, 63, Kalverstraat.
Rome.	Chez M. Spithœver, libraire, place d'Espagne.
Turin.	Chez M. Loescher, libraire, 19, via di Po.
Milan.	Chez M. Arrigoni (Vedova), 6, Corso Venezia.
Florence	Chez M. Ciampolini, Piazza Santa Maria Novella.
New-York.	Chez M. S. P. Avery, 86, Fifth Avenue.
—	Chez MM. Goupil et Cⁱᵉ, of Paris; MM. Boussod, Valadon et Cⁱᵉ, successeurs, 303, Fifth Avenue.

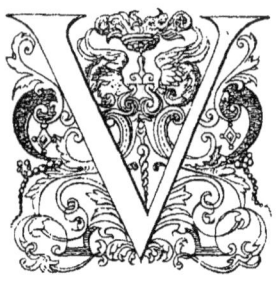ous rappelez-vous certaine préface où, par une heureuse inspiration, le regretté Charles Pillet comparait au sommeil séculaire de la Belle au bois dormant l'oubli prématuré que quinze années de silence suffisaient à faire peser sur une remarquable collection[1]? L'analogie des situations nous a remis le passage en mémoire pour la Galerie Achille Seillière : emprunter ce poétique rapprochement à cet esprit délicat, qui s'était révélé si fin diseur au terme de sa vie, c'est, croyons-nous, lui rendre un hommage bien mérité et assurer à notre Avant-propos le meilleur des préambules.

Combien de contemporains soupçonnent les chefs-d'œuvre que recèlent jalousement les murailles de Mello? A quels fervents du vieux temps a-t-il été donné de franchir les fossés de l'ancien manoir! Depuis longtemps, l'admiration en est réservée à quelques élus triés sur le volet, et ce nom, fameux entre tous autrefois, n'éveille plus chez la masse des connaisseurs qu'un écho affaibli des enchères mémorables de leur jeunesse, qu'une réminiscence à demi effacée des luttes courtoises de la génération disparue. Et pourtant, quel cycle épique dans les annales de la curiosité! Quelle phalange de vaillants combattants!

Tout jeune encore, le baron Achille Seillière découvrait dans quelque église de village la cuve baptismale en bronze, pièce

---

1. Collection Lafaulotte.

exceptionnelle; cet habile début laissait présager le goût et la sagacité dont il devait faire preuve plus tard. Il avait le feu sacré, et de plus, la bonne fortune de commencer sous le règne de Louis-Philippe, l'âge d'or des archéologues, où les émaux limousins s'estimaient plutôt au poids du cuivre qu'à celui des billets de banque, où le paysan, perdu dans les campagnes, ne tentait pas les amateurs trop malins, en villégiature, par des antiquités aussi authentiques que locales, fraîchement écloses à Paris ! Jours d'innocence, êtres candides ! L'arbre de la science du bien et du mal pliait sous le fardeau de ses fruits ! La collection Debruge joua le rôle du serpent : elle ouvrit les yeux aux aveugles.

Ce ne fut depuis, pendant le quart de siècle suivant, qu'avalanches de merveilles, que tourbillons d'écus. Le baron Seillière fut servi à souhait ; il s'était lié d'amitié avec M. Roussel, et, guidé par le célèbre expert, il n'eut que l'embarras du choix. Les du Sommerard, les Sauvageot, les Brunet-Denon, les Préaux, les Lenoir, les Labarthe, les Rattier, les Dablin, les Visconti brillaient de tout leur éclat. Leur exemple dans la bataille ranimait les courages défaillants ; on ne se laissait pas abattre avec de tels maîtres. Chaque jour, cependant, amenait un nouveau tournoi : ventes Pourtalès, Soltykoff, Rattier, Préaux, Fould, Demidoff et tant d'autres; il fallait sans cesse être sur la brèche; le baron Seillière ne se lassa jamais. De cette époque date la conquête du portrait du duc de Nevers, par Léonard Limosin, qui figurerait dignement au Louvre, du portrait de Catherine de Médicis ; puis c'est, tantôt la Gloire et le Vice, groupe en bronze par Adrien de Friess; tantôt quelque Madone de Luca della Robbia ou quelque meuble en bois sculpté ou de Boulle ; ici, un vase de la *Botega d'Oratio Fontana* lui-même ; là, une coupe de *l'auteur des rustiques figulines du roy*.

Avec quelle légitime fierté il pouvait contempler chaque fleuron ajouté à sa couronne ; avec quel juste orgueil il pouvait parcourir les somptueux salons de Mello, quand, à chaque trophée, se rattachait le souvenir d'une victoire chèrement acquise !

Ces jours fabuleux sont loin ; les trésors sont dispersés ; parure de puissants Musées, joyau de magnifiques Galeries, depuis longtemps le feu des enchères est éteint pour eux.

Par un privilège sans pareil, le Temps, retournant sur ses pas, nous accorde le spectacle d'une de ces joutes célèbres ; remercions-le de nous faire la grâce de quelques lustres, et disputons-nous, comme nos aînés, les lauriers du triomphe.

Jules Mannheim.

Désignation des Objets

TERRES ÉMAILLÉES DES ROBBIA

1 — Fabrique de Luca della Robbia. Haut-relief cintré par le haut. Il représente la Vierge vue à mi-corps, tenant son divin fils debout près d'elle et entièrement nu. Ce groupe est surmonté par quatre figures d'anges en contemplation et par le Saint-Esprit. Les figures délicatement modelées sont émaillées blanc et rehaussées d'or et se détachent sur un fond d'émail bleu. Cadre en bois sculpté avec cul de lampe, rehaussé de parties dorées dans le style italien du XVIe siècle.

Hauteur sans cadre, 82 cent.; larg., 50 cent.

2 — Fabrique de Luca della Robbia. Grand bas-relief circulaire représentant la Vierge agenouillée en adoration devant son divin fils, que lui présente un ange. Ce sujet est entouré par des têtes de chérubins, émaillées, ainsi que les figures principales, en blanc sur fond bleu. Cadre formé par une guirlande de fruits et de feuillages émaillés au naturel et de larges moulures à imbrications émaillées violet.

Diam., 1 m. 15 cent.

3 — Fabrique de Luca della Robbia. Grand bas-relief circulaire représentant l'Annonciation. Ce bas-relief, colorié au naturel sur fond bleu clair, est entouré d'un cadre ou guirlande de fruits et de feuilles alternés de diverses espèces également émaillés au naturel.

Diam., 1 mètre.

4 — Fabrique de Luca della Robbia. Bas-relief circulaire. Il représente la Sainte Mère de Dieu en adoration devant son divin fils. Le champ est occupé par deux têtes de chérubins. Les figures sont émaillées blanc sur fond bleu clair. Cadre riche en bois sculpté et doré.

Diam., 42 cent.

5 — Fabrique de Luca della Robbia. Buste d'homme vu de face et émaillé de blanc sur fond bleu; bordure de fruits et de feuillages décorés au naturel. Cadre en bois sculpté et doré en partie, sur fond peint en bleu clair.

Diam., 57 cent.

6 — Fabrique de Luca della Robbia. Buste d'adolescent vu de face et émaillé de blanc sur fond bleu; bordure de fruits et de feuillages décorés au naturel. Cadre en bois sculpté et doré en partie, sur fond peint en bleu clair. Les deux numéros qui précèdent se font pendants.

Diam., 55 cent.

7 — Fabrique de Luca della Robbia. Haut-relief circulaire émaillé bleu, jaune, vert et blanc, représentant un buste d'empereur romain de face portant une cuirasse émaillée jaune, recouverte en partie d'une chlamyde; une guirlande de fruits et de feuilles forme l'encadrement.

Diam., 1 mètre.

8-9 — Fabrique de Luca della Robbia. Deux belles frises émaillées blanc sur fond bleu clair : têtes de chérubins, palmettes, rinceaux, cornes d'abondance et oiseaux.

Haut., 37 cent.; long., 1 m. 60 cent.

10-11 — Fabrique de Luca della Robbia. Deux plaques de forme rectangulaire en hauteur : trophées surmontés d'une tête de Gorgone ailée, émaillés blanc sur fond bleu clair, et avec encadrements dorés.

Haut., 50 cent.; larg., 30 cent.

12 — Fabrique d'Andrea della Robbia. Médaillon circulaire offrant à son centre un buste de femme en ronde bosse, émaillé blanc sur fond bleu; entourage à oves émaillées blanc et cadre composé de fruits et de feuillages émaillés au naturel.

Diam., 53 cent.

COLLECTION SEILLIERE

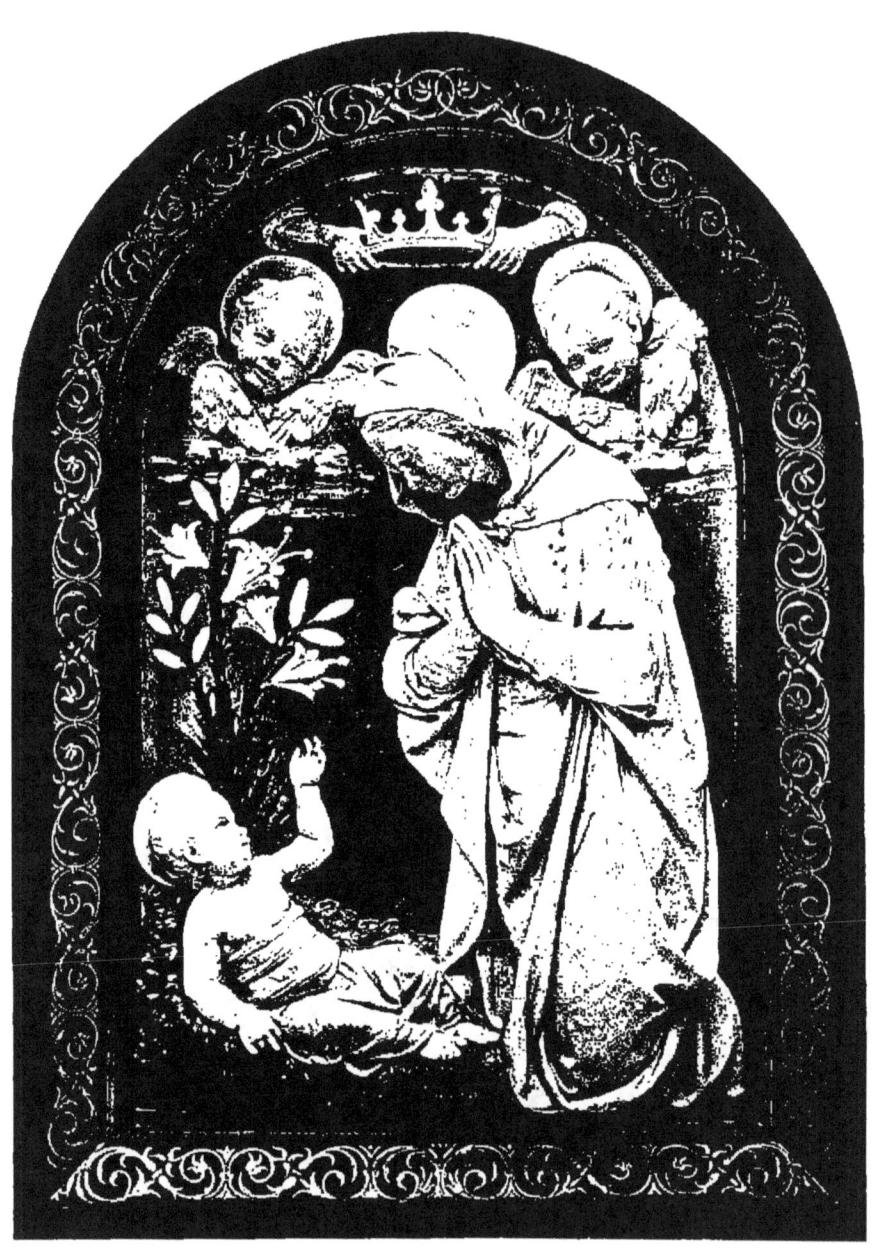

N° 15

13 — Fabrique d'Andrea della Robbia. Médaillon circulaire offrant à son centre un écusson d'armoiries émaillé en couleurs sur fond violacé ; entourage d'oves émaillées blanc et cadre formé de groupes de fruits et de feuillages émaillés au naturel. Il porte l'inscription suivante : *Baptiste Bartolomei Debeauris et Inol MCCCCXVII*.

Diam., 60 cent.

14 — Fabrique de Luca della Robbia. Médaillon rond représentant en haut-relief la figure de la Vierge vue à mi-corps : elle porte son divin fils assis sur son bras droit ; à gauche on voit le petit saint Jean tenant la main droite de l'Enfant Jésus. Les figures sont émaillées blanc sur fond bleu. Bordure composée de groupes de fruits, émaillés en couleurs sur fond blanc.

Diam., 95 cent.

15 — Fabrique de Luca della Robbia. Haut-relief cintré du haut : la Vierge agenouillée devant l'Enfant Jésus. Au-dessus de ce groupe, deux têtes d'anges séparées par une couronne.

Haut., 76 cent. ; larg., 50 cent.

16 — Fabrique de Luca della Robbia. Médaillon rond offrant à son centre les figures de la Vierge et de son divin fils, entourées de quatre têtes de chérubins émaillées blanc sur fond bleu clair ; bordure de fruits et de feuillages émaillés au naturel.

Diam., 43 cent.

17 — Fabrique de Luca della Robbia. Médaillon rond offrant en relief une tête de chérubin émaillée blanc sur fond bleu.

Diam., 41 cent.

18 — École des Robbia. Deux vases, à panse ovoïde décorée d'une zone de palmettes et d'une frise occupée par une ligne grecque en relief, culot à godrons et gorge à imbrications saillantes, reliée à la panse par deux anses formées par des dauphins. Ces vases sont émaillés bleu empois uni.

Haut., 26 cent.

19 — École des Robbia. Deux vases analogues à ceux qui précèdent.

Haut., 26 cent.

20 — ÉCOLE DES ROBBIA. Vase de même forme et de même qualité que les précédents.

Haut., 28 cent.

FAÏENCES ITALIENNES

21 — FABRIQUE DE LA FRATA. Fin du xve siècle. Belle coupe ronde à bords festonnés et sur piédouche, entièrement couverte d'un riche décor gravé sur engobe et émaillé de jaune et de vert. Elle offre à l'intérieur deux figures d'anges debout, placées au centre d'un cartouche étoilé, entouré de médaillons ronds qui renferment des animaux, des fleurs de lis et les lettres S et H en caractères gothiques, avec entre-deux fleuronnés. Son pourtour extérieur est décoré de frises à rinceaux et animaux du plus beau style, et son piédouche orné de même est enrichi de trois lions assis en ronde bosse, dont les têtes supportent le fond de la coupe. Pièce très rare.

Haut., 30 cent.; diam., 38 cent.

22 — FABRIQUE DE GUBBIO. Coupe ronde à décor à reflets métalliques rouge rubis, représentant la Mort d'Adonis; à la partie inférieure, légende en italien. Au revers, la date de 1540 et des rinceaux à reflets métalliques. Cadre doré.

Diam., 29 cent.

23 — FABRIQUE DE GUBBIO. Coupe ronde représentant un buste de femme rehaussé de reflets métalliques; sur une banderole : *Aolintia Bela*. Cadre doré.

Diam., 24 cent.

24 — FABRIQUE DE GUBBIO. Petit plat rond et creux, décoré en couleurs et reflets métalliques rouge rubis sur fond bleu : au fond, écusson armorié ; au marli, couronne de palmettes et cornes d'abondance.

Diam., 25 cent.

25 — FABRIQUE DE GUBBIO. Petite coupe ronde, repoussée à bossages émaillés jaune à reflets métalliques mordorés et entredeux à fleurons émaillés jaune, vert et bleu ; au centre, le masque du soleil.

Diam., 19 cent. 1/2.

26 — FABRIQUE DE PESARO. Beau plat rond à décor à reflets métalliques

jaunes, rehaussés de bleu. Il offre à son centre une figure de sphinx ailé posant la patte sur une tête de lévrier ; son bord est décoré d'imbrications alternant avec de larges fleurons.

Diam., 42 cent. 1/2.

27 — Fabrique de Pesaro. Plat rond représentant un buste de femme et portant une inscription latine sur une banderole ; son bord est décoré de fleurons et de feuillages, le tout en jaune à reflets métalliques sur fond bleu.

Diam., 40 cent.

28 — Fabrique de Pesaro. Plat analogue à celui qui précède. Il est décoré d'une figure de sainte Catherine debout, appuyée sur la roue, avec banderole derrière la tête ; au marli, guirlande de feuillages.

Diam., 39 cent.

29 — Fabrique de Pesaro. Beau plat à décor à reflets métalliques mordorés et bleus. Son ornementation consiste en un large écusson d'azur à la fasce d'or, reposant sur un motif d'ornement d'où s'échappent deux cornes d'abondance ainsi que deux têtes d'animaux fantastiques ; son bord est décoré de rinceaux.

Diam., 40 cent.

30 — Fabrique de Pesaro. Plat rond à décor à reflets métalliques mordorés rehaussés de bleu. Il offre au centre le Combat d'Hercule et Antée, et son bord est orné de rinceaux.

Diam., 40 cent.

31 — Fabrique de Pesaro. Plat rond décoré en couleurs, présentant à son centre un écusson armorié retenu par deux figures de génies debout ; son bord est décoré de rinceaux, de mascarons et de médaillons d'animaux se détachant en couleurs sur fond gros bleu. Cadre doré.

Diam., 44 cent.

32 — Fabrique de Pesaro. Plat rond décoré en couleurs et représentant trois guerriers debout : celui du milieu porte un grand drapeau armorié, l'autre tient une arquebuse et le troisième une pique.

Diam., 43 cent.

33 — Fabrique de Pesaro. Plat rond décoré en couleurs. Il offre à son centre une figure d'âne assis jouant de la musette ; son bord est orné

de rinceaux et on lit sur une banderole l'inscription suivante : *Osu Bevete Puo che Ballote avete.*

Diam., 38 cent.

34 — FABRIQUE DE DERUTA. Plat rond et creux, à décor à reflets mordorés et bleus. Son ombilic présente une fleur ; le reste du plat est orné d'imbrications à écailles et de fleurons.

Diam., 33 cent.

35 — FABRIQUE DE DERUTA. Plat rond à ombilic, décoré de reflets métalliques jaune chamois rechampis de bleu. Sur l'ombilic, buste de femme ; le reste du plat est orné d'une couronne de feuillages avec zone de feuilles en poste au marli.

Diam., 34 cent.

36 — FABRIQUE DE CAFFAGIOLLO. Plat rond offrant à son centre un écusson aux armes des Gonzague, soutenu par deux génies debout ; le médaillon central est encadré par une bordure d'ornements émaillés vert ; le bord du plat est décoré de trois zones d'arabesques émaillées bleu et rehaussées de jaune.

Diam., 35 cent.

37 — FABRIQUE DE CAFFAGIOLLO. Plat rond dont le centre est occupé par un écusson de gueules à trois épées d'argent, la pointe en bas ; son bord est décoré de huit fleurons séparés par des fleurs de style oriental.

Diam., 44 cent.

38 — FABRIQUE DE FAENZA. Grand plat rond représentant Mucius Scaevola devant Porsenna, scène à nombreux personnages dans un palais, avec fond de paysages ; son bord est décoré de grotesques en camaïeu bleu rehaussé de blanc, sur fond bleu foncé. Au revers, la date de 1526 répétée sur la bordure. Cadre doré.

Diam., 47 cent.

39 — FABRIQUE DE FAENZA. Coupe ronde décorée d'un écusson armorié timbré d'un casque, se détachant en couleurs sur fond bleu ; son bord est décoré d'ornements en camaïeu jaune. Cadre doré.

Diam., 29 cent.

40 — FABRIQUE DE CASTEL DURANTE. Plat rond représentant un guerrier romain dans un char de triomphe traîné par deux chevaux et portant un écusson armorié. Composition de nombreuses figures.

Diam., 44 cent.

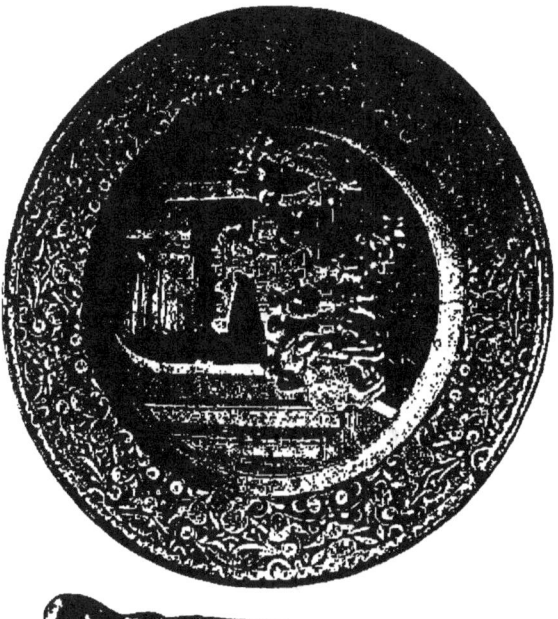

Nº 58

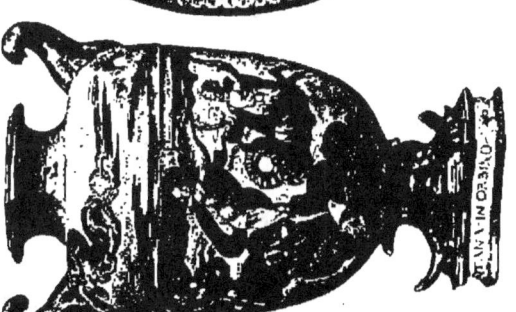

Nº 41

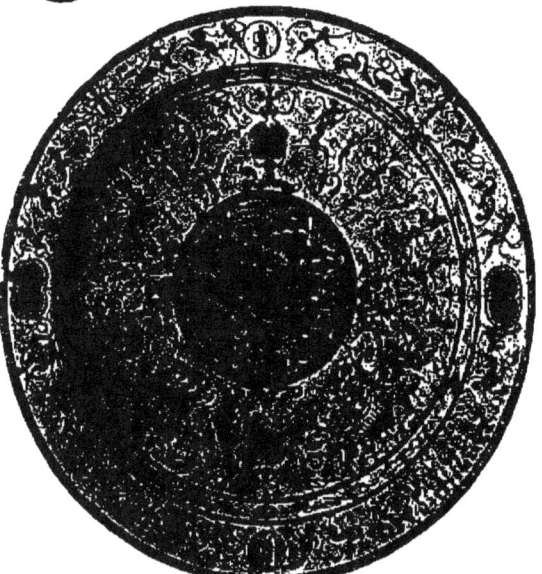

Nº 47

COLLECTION SEILLIERE

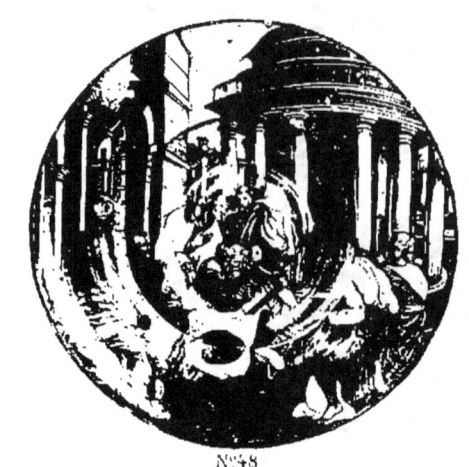

N° 48

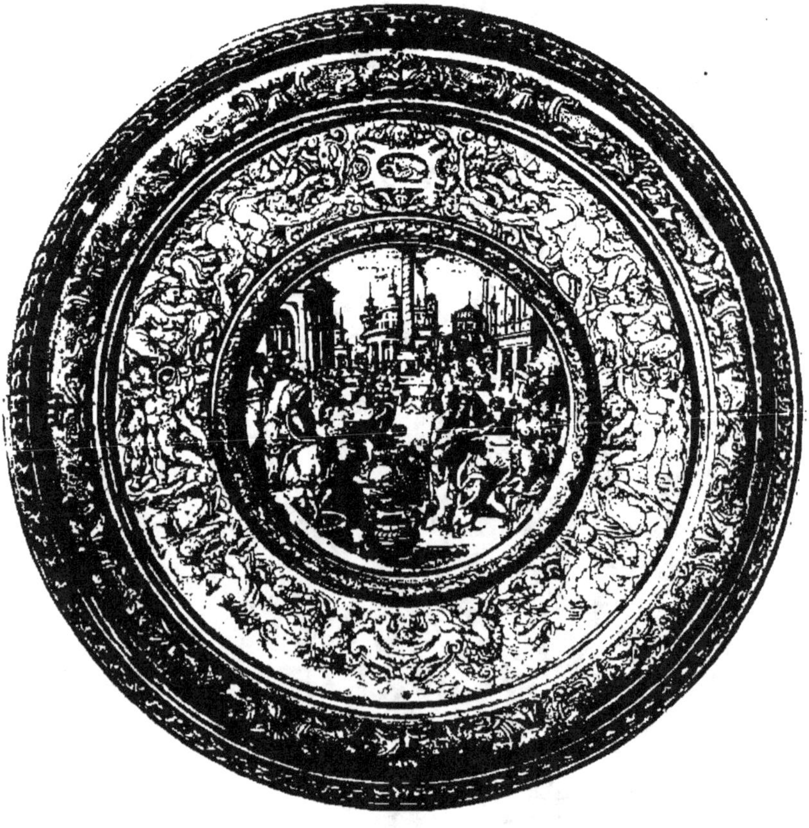

N° 49

FAIENCES ITALIENNES

41 — Fabrique d'Urbino. Vase de forme très élégante à panse ovoïde et à deux anses surélevées. Il repose sur un piédouche avec base triangulaire et flanqué de trois enroulements formant consoles. La panse est entièrement couverte par un riche décor en couleurs représentant le triomphe d'Amphitrite. On lit sur la base de la pièce : *Fato in Botega De Mestero Oratio Fontana in Orbino.*

Haut., 43 cent.

42 — Fabrique d'Urbino. Grand seau à rafraichir de forme ovale avec piédouche. Il représente, à l'intérieur, le Passage de la mer Rouge, et, à l'extérieur, Moïse frappant le rocher, ainsi que d'autres scènes de la Genèse. Première moitié du xvie siècle.

Haut., 26 cent.; long., 50 cent.; larg., 39 cent.

43 — Fabrique d'Urbino. Bassin rond et profond, muni de deux anses formées de branchages enroulés et de feuilles. Le fond intérieur du bassin offre un large médaillon qui représente le Déluge; composition de nombreuses figures avec l'arche de Noé au centre du sujet. Les pourtours intérieur et extérieur du bassin, ainsi que son bord, sont décorés de médaillons à personnages mythologiques en camaïeu jaune et de grotesques et arabesques en couleurs sur fond blanc.

Diam., 48 cent.

44 — Fabrique d'Urbino. Plat rond représentant un banquet donné sur la place publique au peuple romain. Il est monté dans une bordure également en faience, mais décorée en grisaille sur laquelle sont représentés deux riches cartouches liés entre eux par des groupes de figures d'amours et de satyres d'une très belle exécution. Monture en bois sculpté et doré. Collection Debruge.

Diamètre total sans le cadre, 60 cent.

45 — Fabrique d'Urbino. Petit plat à centre creux et large bord, dit tondino, représentant Léda recevant Jupiter transformé en cygne. Cette pièce décorée en couleurs porte un écusson d'azur à trois croissants mal ordonnés d'argent. Cadre en bois sculpté et doré en partie.

Diam., 25 cent.

46 — Fabrique d'Urbino. Petit plat de même forme que celui qui précède, représentant un sujet tiré de l'histoire de Troie. Il porte les

mêmes armoiries et au revers l'indication du sujet, ainsi que la date de 1530. Cadre en bois sculpté et doré en partie.

Diam., 25 cent.

47 — FABRIQUE D'URBINO. Beau plat rond offrant à son centre un médaillon représentant un groupe de personnages en costumes romains qui portent des enseignes et des étendards. Le reste du plat est orné de fines arabesques et de grotesques en couleurs ainsi que de médaillons simulant des camées, le tout se détachant sur fond blanc. Le revers de ce plat présente des grotesques et des arabesques sur fond blanc, et au milieu un médaillon peint en grisaille, d'après l'antique, sur fond bleu, surmonté de l'écusson des Della Rovere, timbré du chapeau de cardinal.

Diam., 45 cent.

48 — FABRIQUE D'URBINO. Grand plat rond entièrement couvert par un sujet peint en couleurs et représentant saint Jean entouré de ses disciples et écrivant les évangiles. Le fond du sujet est occupé par des monuments et des ruines. L'une des figures paraît être le portrait de Raphael.

Diam., 52 cent.

49 — FABRIQUE D'URBINO. Grand plat rond décoré en plein d'un combat devant une ville, située derrière une rivière. Belle composition, dessin énergique et coloris très brillant. Nous attribuons ce plat à Oratio Fontana.

Diam., 46 cent. 1/2.

50 — FABRIQUE D'URBINO. Belle coupe ronde représentant le Mariage de la Vierge, d'après Raphael. Cadre en bois sculpté et doré.

Diam., 30 cent.

51 — FABRIQUE D'URBINO. Petite coupe ronde à lobes, décorée de grotesques sur fond blanc et d'un médaillon avec buste de femme en couleurs, sur fond brun.

Diam., 17 cent.

52 — FABRIQUE D'URBINO. Coupe ronde sur piédouche bas représentant un combat entre les Romains et les Sabins. Légende au revers. Cadre doré.

Diam., 27 cent.

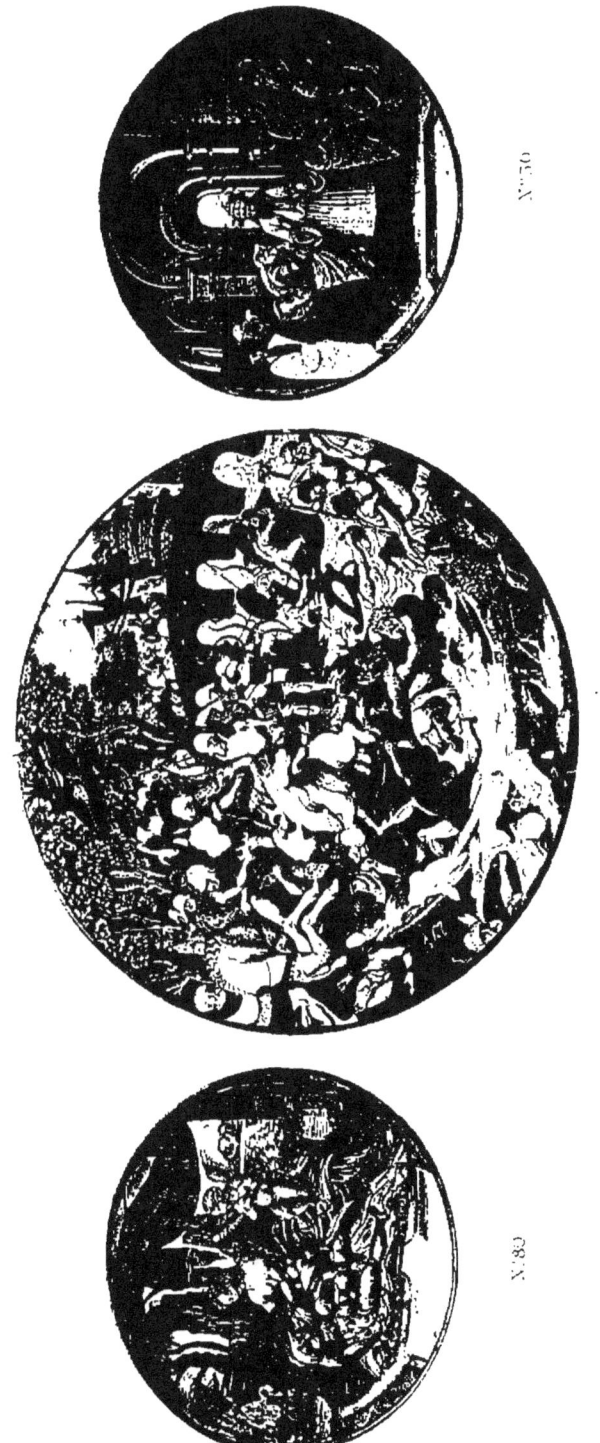

53 — FABRIQUE D'URBINO. Coupe ronde représentant le départ de César pour l'Égypte. Légende au revers. Cadre doré.

Diam., 25 cent.

54 — FABRIQUE D'URBINO. Plat rond représentant Jupiter métamorphosé en cheval. Légende au revers. Cadre doré.

Diam., 26 cent.

55 — FABRIQUE D'URBINO. Plat rond représentant Orphée descendant aux enfers. Il porte un écusson émaillé en couleurs d'azur aux trois croissants mal ordonnés d'argent. Cadre en bois sculpté et doré en partie.

Diam., 26 cent.

56 — FABRIQUE D'URBINO. Plat rond et creux à large bord, représentant l'enlèvement d'Europe. Il porte les mêmes armoiries que le précédent. Cadre en bois sculpté et doré en partie.

Diam., 26 cent.

57 — FABRIQUE D'URBINO. Plat rond à centre creux et large bord, dit tondino, représentant Mercure endormant Argus. Légende au revers. Cadre doré.

Diam., 26 cent.

58 — FABRIQUE D'URBINO. Plat rond à décor polychrome en plein, représentant une scène tirée de l'histoire romaine, composée de nombreux personnages auprès d'un portique sur un fond de paysages.

Diam., 43 cent.

59 — FABRIQUE D'URBINO. Plat rond décoré en couleurs et représentant la Sainte Famille dans un paysage. Fin du XVIe siècle. Cadre doré.

Diam., 29 cent.

60 — FABRIQUE D'URBINO. Petit plat rond offrant à son centre le sujet de la création de l'homme et de la femme; son marli est décoré de grotesques et d'une armoirie de couleurs sur fond blanc. Il porte les initiales H. G.

Diam., 26 cent. 1/2.

61 — FABRIQUE D'URBINO. Grand et beau plat rond représentant la Conversion de saint Paul; composition d'un grand nombre de figures et de cavaliers. Cadre octogone en bois doré et peint en noir avec arabesques d'or.

Diam., 45 cent.

62 — Fabrique d'Urbino. Coupe ronde représentant Énée portant son père et suivi de sa femme Créuse et du jeune Ascagne. Cadre doré.

Diam., 29 cent.

63 — Fabrique d'Urbino. Plat rond représentant un combat de cavaliers, sujet tiré de l'histoire romaine. A l'arrière-plan, ville fortifiée ; au revers, curieuse esquisse au trait. Cadre doré.

Diam., 27 cent.

64 — Fabrique d'Urbino. Plat rond représentant la fable d'Hermaphrodite avec les armoiries des Montmorency. Il porte, au revers, l'indication du sujet ainsi que l'inscription : *In Botega de M° Guido Durantino in Urbino*. Cadre doré.

Diam., 30 cent.

65 — Fabrique d'Urbino. Plat rond décoré en couleurs et représentant Calchas et Oreste offrant un sacrifice. Il porte l'écusson des Montmorency, suspendu à une branche d'arbre. Au revers, il offre l'indication du sujet et l'inscription suivante : *In Botega de M. Guido Durantino in Urbino*. Cadre doré.

Diam., 30 cent.

66 — Fabrique d'Urbino. Plat rond décoré en couleurs, représentant les géants foudroyés par Jupiter et portant les armes de la famille de Montmorency. Au revers, la légende. Cadre doré.

Diam., 30 cent.

67 — Fabrique d'Urbino. Plat rond décoré en couleurs et représentant saint Jean et ses disciples. Fin du xvie siècle. Cadre doré.

Diam., 29 cent.

68 — Fabrique d'Urbino. Plat rond représentant le sujet de l'épée de Damoclès, scène tirée de la vie de Denys l'Ancien, tyran de Syracuse. Il porte, au revers, la date de 1540 ainsi que la légende en italien et un sigle analogue à la marque de Xanto, mais qui nous paraît apocryphe.

Diam., 30 cent.

69 — Fabrique d'Urbino. Coupe ronde sur piédouche très bas, représentant Daphné poursuivie par Apollon et réclamant le protection de son père qui la change en laurier. Au revers, légende en italien.

Diam., 28 cent.

70 — Fabrique d'Urbino. Plat rond et creux. Au fond, sujet tiré de l'histoire romaine, dans un paysage traversé par un cours d'eau ; au marli, médaillons de jeux d'amours reliés par des rinceaux, des cornes d'abondance, des oiseaux et des animaux. Cadre doré et noir.

Diam., 39 cent.

71 — Fabrique d'Urbino. Beau plat rond représentant un sujet tiré de l'histoire de Priam ; composition de nombreux personnages. Son bord est décoré de figures de satyres et d'amours et d'un trophée d'armes, finement peints en couleurs sur fond blanc. Cadre doré.

Diam., 42 cent.

72 — Fabrique d'Urbino. Plat rond représentant Orphée devant Pluton et Proserpine. Au revers, légende en italien. Cadre doré.

Diam., 27 cent.

73 — Fabrique d'Urbino. Plat rond représentant Latone changeant les paysans en grenouilles ; fond de verdure. Au revers, légende en italien. Cadre doré.

Diam., 26 cent.

74 — Fabrique d'Urbino. Coupe ronde représentant le Jugement de Pâris. A l'arrière-plan, ville au bord d'une rivière. Cadre doré.

Diam., 27 cent.

75 — Fabrique d'Urbino. Couvercle de coupe d'accouchée décoré d'un sujet ayant trait à l'emploi. Monté dans un cadre doré.

Diam., 20 cent.

76 — Fabrique d'Urbino. Plat rond polychrome représentant Moïse sauvé des eaux. Cadre doré.

Diam., 26 cent.

77 — Fabrique d'Urbino. Fond de coupe représentant en couleurs un sujet tiré de l'histoire romaine. Il est décoré à l'extérieur de tritons et de naïades. Cadre doré.

Diam., 22 cent.

78 — Fabrique d'Urbino. Coupe ronde présentant le sujet de la Manne

tombant du ciel ; nombreux personnages avec ville et montagnes au second plan. Au revers, la légende en italien. Cadre doré.

Diam., 27 cent.

79 — FABRIQUE D'URBINO. Petit plat rond décoré en couleurs. Il représente un sujet ayant trait aux Amours de Neptune. Au revers, légende en italien.

Diam., 24 cent.

80 — FABRIQUE D'URBINO. Petit plat représentant un sujet ayant trait à l'histoire de Circé. Il porte au revers un écusson aux armes des Scaliger entre deux G, et la légende en italien.

Diam., 26 cent.

81 — FABRIQUE D'URBINO. Médaillon rond offrant à son centre un écusson armorié sur fond bleu et entouré d'une guirlande de chêne. Il porte la date de 1532.

Diam., 30 cent.

82 — FABRIQUE D'URBINO. Petit plat rond polychrome représentant Apollon et les Muses. Au revers, la légende et la date de 1542, ainsi que le sigle de Xanto.

Diam., 29 cent.

83 — FABRIQUE D'URBINO. Aiguière de forme antique à goulot à trèfle, décorée en camaïeu bleu de figures d'amours, de bustes de guerriers et de trophées d'armes.

Haut., 32 cent.

84 — FABRIQUE DE SAVONE. Plat décoré en camaïeu bleu de figures mythologiques et d'un blason relevé de jaune.

Diam., 40 cent.

85 — FABRIQUE DE SAVONE. Plat décoré en camaïeu bleu : sujet tiré de l'histoire d'Œdipe.

Diam., 49 cent.

FAIENCES DE DELFT

86 — Fabrique de Delft. Plaque rectangulaire décorée en camaïeu bleu de paysans menant des bestiaux à l'abreuvoir.

Haut., 21 cent.; larg., 29 cent.

87 — Fabrique de Delft. Plat rond décoré en camaïeu bleu, au fond, de vases de fleurs entourés d'une couronne de rinceaux, et, sur le marli, d'une zone à fleurs et rinceaux.

Diam., 45 cent.

GRÈS DE RAEREN

88 — Grès de Raeren. Grande cruche émaillée brun dont la panse présente les bustes des électeurs et leurs armoiries en relief. Elle est, de plus, décorée d'ornements et porte la date de 1607.

Haut., 48 cent.

89 — Grès de Raeren. Cruche émaillée bleu gris. Sa panse offre une frise de cavaliers en relief, des armoiries ainsi qu'une longue inscription. Sa gorge est ornée de mascarons et de vases de fleurs, et elle porte la date du mois de décembre 1617.

Haut., 40 cent.

90 — Grès de Raeren. Belle cruche émaillée brun dont la panse droite présente en relief des écussons armoriés reliés entre eux par des lions héraldiques et par de riches rinceaux. Elle porte la date de 1598 et une inscription ; son anse fracturée a été remplacée par une anse en étain. Son couvercle, de même matière, est garni d'un bouton formé par un lion debout tenant un écusson.

Haut., 44 cent.

91 — Grès de Raeren. Pot à bière à une anse et reposant sur trois pieds bas. Il est décoré d'ornements en relief et de têtes fantastiques saillantes, le tout émaillé en bleu gris et brun rougeâtre. Couvercle en argent repoussé à armoiries.

Haut., 16 cent.

92 — Grès des Flandres. Cruche émaillée brun. La panse, de forme droite, offre en relief des figures de danseurs, des inscriptions en vieux flamand, ainsi que la date de 1576. Le haut de la panse et du goulot droit sont garnis d'un gros bourrelet à enroulements.

Haut., 28 cent.

FAIENCES DE BERNARD PALISSY

93 — Plat rond à ombilic moulé sur le modèle en étain de F. Briot, à la Tempérance. Sur l'ombilic, la figure de la Tempérance ; au fond, les quatre éléments dans des cartouches séparés par des cariatides ; sur le marli, huit médaillons à l'allégorie des Arts reliés par des mascarons et des fruits. Ce beau et rare bassin, émaillé de vives et belles couleurs, porte au revers la lettre F gravée à la pointe avant la cuisson. Le revers est jaspé verdâtre.

Diam., 42 cent. 1/2.

94 — Belle coupe ronde et sur piédouche, aux chiffres enlacés de Henri II, de Catherine de Médicis et de Diane de Poitiers, finement repercés à jour et entourés d'entrelacs à tores de lauriers et ornements divers émaillés en couleurs ; la partie concave est émaillée vert. Collections Préaux et Rattier.

Diam., 24 cent.

95 — Autre coupe en tout semblable à la précédente. La partie concave en émail jaspé. Collections Préaux et Rattiér.

Diam., 24 cent.

96 — Grand plat ovale : la Fécondité. Une femme nue, à demi couchée sur des coussins et des draperies de diverses couleurs, tient sur son sein un enfant qui semble la caresser ; à gauche se jouent quatre autres enfants également nus. Le bord est creusé de huit capsules rondes et ovales alternant avec des mascarons et des vases contenant des fruits. Collection Soltykoff.

Haut., 41 cent.; larg., 48 cent.

97 — Grand et beau plat rond et creux : Persée délivrant Andromède. Scène à nombreux personnages. Large bord à huit cavités ovales séparées par un fleuron. Les figures sont émaillées en couleurs. Les cavités et l'extérieur sont jaspés.

Diam., 53 cent.

COLLECTION SEILLIÈRE.

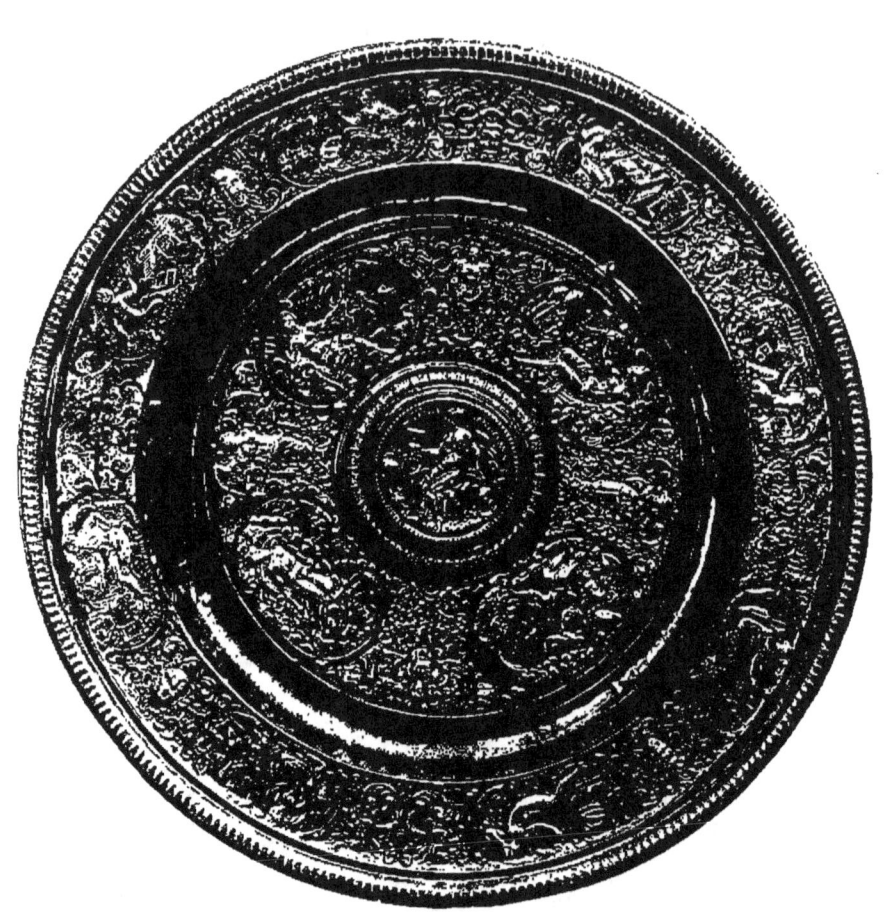

N° 95

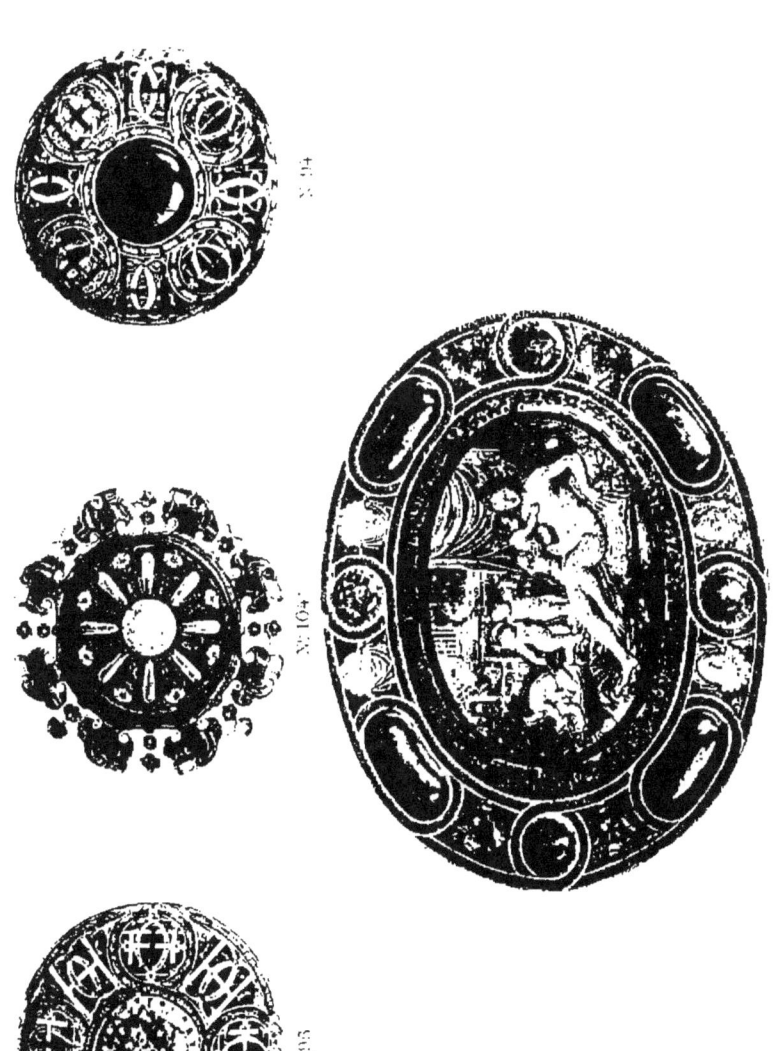

93 — GRAND PLAT creux et ovale : le Christ et la femme adultère. Le Christ dans une stalle, la Samaritaine debout devant lui, la foule au second plan. Large bord à huit cavités ovales émaillées bleu jaspé, séparées par des palmettes.

Haut., 48 cent.; larg., 63 cent.

99-100 — DEUX PETITS PLATS ovales offrant à leur centre une cavité ovale jaspée, entourée par quatre cavités rondes émaillées bleu et séparées par des fleurons découpés à jour et émaillés en couleurs.

Long., 30 cent.; larg., 22 cent.

101 — PLAT rond à bord renversé et festonné. Le fond repercé à jour se compose d'un réseau d'entrelacs émaillés vert, semé de rosaces de diverses couleurs. Le bord est orné d'un double rang de feuilles couronnées de marguerites.

Diam., 30 cent.

102-103 — DEUX PLATS ronds tout à fait semblables à celui qui précède.

Diam., 30 cent.

104 — PETIT BASSIN sur piédouche. Au fond, une rosace; au bord, enroulements en relief, découpés extérieurement, le tout de la plus grande netteté et réussite, émaillé de belles couleurs variées.

Diam., 24 cent.

105 — PLAT ovale. Modèle connu sous le nom de la Belle Jardinière, qui est représentée assise dans un jardin au milieu d'instruments de jardinage. Son bord plat est décoré de palmettes vertes et brunes alternées, ayant très peu de saillie. Ce plat est décoré d'émaux très brillants; son revers est jaspé bleu et porte un cachet en forme de fleur de lis.

Haut., 27 cent.; long., 34 cent.

106 — COUPE ronde et basse sans bord. Elle contient six cavités dont une ronde et cinq en forme de coquilles. Elle est enrichie au pourtour d'ornements et de fleurs découpés à jour.

Diam., 23 cent. 1/2.

107 — PLAT ovale sans bord. Il est formé d'une cavité ovale au centre et d'entrelacs renfermant des palmettes et des fleurons repercés à jour.

Long., 28 cent.; larg., 19 cent. 1/2.

108 — Plat ovale, entièrement semblable à celui qui précède.
Long., 28 cent.; larg., 19 cent. 1/2.

109-110 — Deux plats ovales de même modèle que celui qui précède, mais émaillés différemment ; le jaune domine dans ceux-ci.
Long., 28 cent.; larg., 19 cent. 1/2.

111 — Petite coupe ronde sur pied bas. Son ornementation se compose de deux zones de huit palmettes et de huit fleurs renfermées dans des entrelacs, formant une large rosace d'un léger relief et émaillée en couleurs.
Diam., 21 cent. 1/2.

112 — Coupe ovale représentant Jupiter et Callisto et trois amours, en bas-relief, émaillés en couleurs ; le bord est jaspé ainsi que le revers.
Long., 34 cent.; larg., 26 cent.

113 — Coupe ovale représentant, en bas-relief, le sujet de l'Enlèvement d'Hélène ; elle est émaillée en couleurs et le revers est jaspé.
Long., 38 cent ; larg., 28 cent.

114 — Coupe ronde présentant, à son centre, un sujet champêtre à figures de berger et de bergère et, au bord, des fleurons et des marguerites.
Diam., 26 cent.

115 — Coupe ronde sans bord présentant le sujet de Persée délivrant Andromède. Le modelé des figures est très bien réussi.
Diam., 24 cent.

116 — Petite coupe ronde à bord festonné orné de marguerites, et dont le centre repercé à jour présente de grands entrelacs renfermant une rosace autour de laquelle sont six mascarons humains des deux sexes, drapés et alternés.
Diam., 24 cent.

117 — Petite coupe ronde, semblable à celle qui précède, mais émaillée différemment ; son centre est occupé par une cavité.
Diam., 26 cent.

118 — Coupe ronde. Le centre présente une rosace autour de laquelle sont six mascarons humains des deux sexes, diadémés et drapés.
Diam., 26 cent.

COLLECTION SEILLIERE

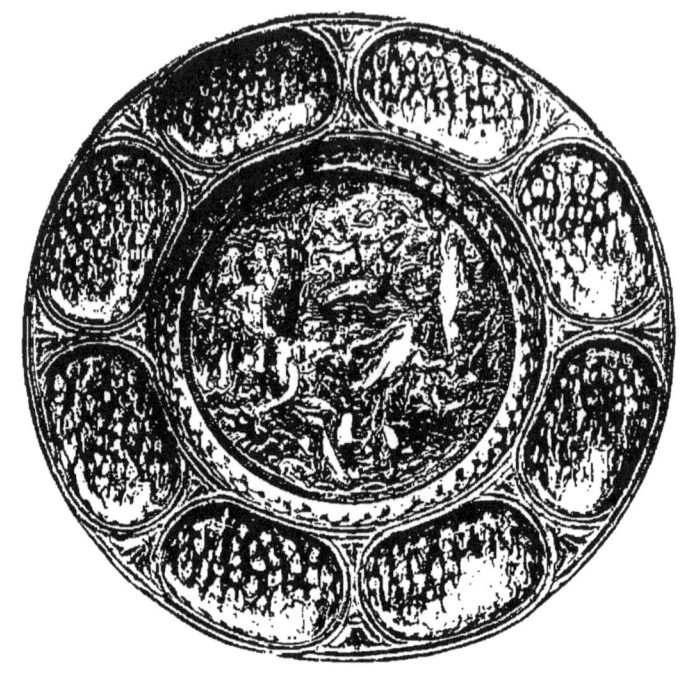

N° 97

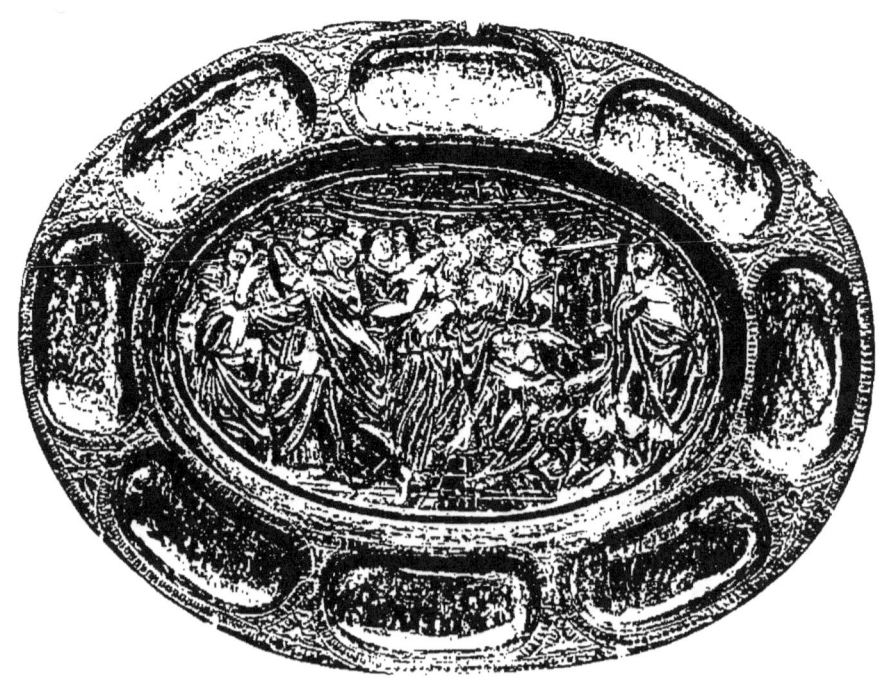

119 — Coupe semblable à celle qui précède, mais coloriée différemment.

Diam., 25 cent. 1/2.

120 — Plat ovale sans bord composé de cinq cavités, une oblongue centrale et quatre rondes disposées alentour; ces dernières sont séparées par des génies ailés tenant les attributs de la guerre. Les cavités de ce plat sont émaillées bleu jaspé.

Long., 32 cent.; larg., 24 cent.

121-122 — Deux plats semblables à celui qui précède, mais de couleurs différentes. Leurs cavités sont jaspées de vert et de brun.

Long., 32 cent.; larg., 26 cent.

123 — Plat ovale sans bord. Il contient cinq cavités dont les quatre extérieures, qui sont rondes, sont séparées par un ornement de consoles géminées de la réunion desquelles s'élève une fleur. Cet ornement est découpé à jour.

Long., 30 cent.; larg., 23 cent.

124 — Plat ovale sans bord, analogue au précédent, mais émaillé différemment.

Long., 27 cent.; larg., 21 cent.

125 — Plat ovale sans bord, semblable à celui qui précède, mais émaillé différemment.

Long., 25 cent.; larg., 19 cent.

126 — Coupe ronde et profonde formant une rosace, composée de trois rangs de feuilles superposées maintenues par des côtes en relief; le tout émaillé de couleurs variées d'un bel effet.

Diam., 24 cent.

127 — Coupe ronde et profonde pareille à celle qui précède, mais émaillée différemment.

Diam., 25 cent.

128 — Petit plat rond dont le centre, qui paraît avoir été moulé sur un plomb du xvie siècle, représente diverses figures de la mythologie. Son bord large, festonné et évasé, est décoré de godrons et de marguerites.

Diam., 26 cent.

129 — PETITE COUPE ovale offrant à son centre une figure à l'allégorie du feu, avec le mot *Ignis* à la partie supérieure ; bord à godrons.

Haut., 22 cent.; long., 26 cent.

130 — PETIT PLAT ovale offrant à son centre une cavité ovale, entourée de quatre capsules rondes, séparées par un ornement formé de consoles géminées et découpées à jour.

Long., 27 cent.; larg., 21 cent.

131 — COUPE ronde décorée d'entrelacs émaillés blanc en relief avec entredeux ornés de mascarons et de feuillages ; le tout forme une rosace sur fond violet.

Diam., 26 cent.

132 — GRAND PLAT ovale à reptiles et coquillages, émaillé en couleurs. Ce plat nous semble être une imitation de faïence de Bernard de Palissy, exécutée à l'époque.

Long., 52 cent.; larg., 43 cent.

133 — AIGUIÈRE en forme de dauphin, émaillé en couleurs, dont la queue enroulée tient lieu d'anse.

Haut., 19 cent.; larg., 26 cent.

134 — DAUPHIN debout, émaillé en couleurs, formant fontaine.

Haut., 31 cent.

135 — GROUPE : Jeune Paysanne assise allaitant un enfant, émaillé au naturel. Connu sous le nom de la Nourrice.

Haut., 23 cent.

136 — L'ENFANT AUX CHIENS : Jeune garçon emportant quatre petits chiens et suivi par la mère qui lui pose une patte sur la jambe. Collection Soltykoff.

Haut., 27 cent.

FAIENCES FRANÇAISES

Fabriques de Nevers.

137 — NEVERS. Plat ovale représentant en couleurs le Triomphe d'Amphitrite : tritons, divinités marines; au fond, paysage montagneux; au revers, décoration de feuillages en bleu et les mots : *1589 Fesi à Nevers.*
Haut., 44 cent.; larg., 55 cent.

138 — NEVERS. Plat décoré en camaïeu bleu, au fond, d'un sujet : l'Ivresse de Silène, et, au marli, d'une couronne de feuillages et d'un écusson d'armoiries.
Diam., 55 cent.

139 — NEVERS. Plat décoré en camaïeu bleu, au fond, du sujet : Tobie et l'ange, et, au marli, de bouquets et de fruits alternant avec des oiseaux.
Diam., 44 cent.

140 — NEVERS. Grand plat creux décoré en plein, en camaïeu bleu, d'un sujet familier chinois.
Diam., 53 cent.

141 — NEVERS. Grand plat creux décoré en camaïeu bleu de vases de fleurs au fond, avec réserves de bouquets de fleurs au marli.
Diam., 55 cent.

142 — NEVERS. Grand plat creux décoré en bleu et manganèse de personnages chinois et éléphants, compris entre deux zones étroites de motifs à feuilles.
Diam., 53 cent.

143 — NEVERS. Grand vase couvert et à deux anses torsades, décoré en bleu de figures chinoises et de zones d'arabesques. Les anses sont mouchetées.
Haut., 50 cent.

144 — NEVERS. Plat décoré en bleu et manganèse, au fond, d'une Chasse au lion, d'après Tempesta, et, au marli, de huit médaillons à figures chinoises et paysages sur un fond à treillis.
Diam., 55 cent.

145 — Nevers. Aiguière à anse torsade, décorée en camaïeu bleu de figures, paysages et ornements dans le goût chinois.

Haut, 33 cent.

146 — Nevers. Grand plat décoré en bleu et manganèse, au fond, d'une marche de villageois, et, au marli, de quatre médaillons lobés à paysages alternant avec des rinceaux feuillagés.

Diam., 55 cent.

147 — Nevers. Aiguière de forme antique, à anse torse, décorée de sujets et paysages chinois en camaïeu bleu.

Haut., 35 cent.

148 — Nevers. Hanap à pans, décoré de fleurs en bleu et manganèse.

Haut., 22 cent.

149-150 — Nevers. Deux grandes bouteilles en forme de gourdes de chasse, à quatre attaches latérales, décorées en bleu de deux médaillons lobés représentant des jeux d'enfants; elles sont datées de 1727.

Haut., 50 cent.

151 — Nevers. Plat rond à décor de fleurs et d'oiseaux en camaïeu bleu; au centre, vase de fleurs avec insectes et oiseaux.

Diam., 48 cent.

152 — Nevers. Grande jardinière ovale, ornée de feuilles d'acanthe et de godrons en relief, et à anses formées de cariatides de femmes se terminant en queue de poisson. Cette pièce est décorée de fleurs et d'ornements en camaïeu bleu.

Haut., 42 cent.; larg., 75 cent.

153 — Nevers. Bassin de forme contournée, élevé sur trois pieds et muni de poignées torsades; il est décoré en bleu extérieurement de bouquets, et intérieurement d'un vase, d'oiseaux et de rinceaux.

Haut., 21 cent.; long., 57 cent.

154 — Nevers. Aiguière à anse torsade, décorée en bleu de figures et paysages dans le goût chinois.

Haut., 34 cent.

Fabriques de Rouen.

155 — ROUEN. Plat rond et creux décoré d'une grande rosace et d'une bordure de nielles bleus sur fond jaune d'ocre. La rosace est ornée d'une bacchanale d'enfants en camaïeu bleu et entourée d'une bordure de feuilles et de rinceaux en bleu et rouille. Le pourtour extérieur a une bordure quadrillée bleu sur fond jaune d'ocre. Au-dessous, la marque : W.
Diam., 45 cent.

156 — ROUEN. Grand plat rond décoré en bleu et manganèse, au centre, d'une corbeille de fleurs entourée d'une guirlande de rinceaux, et, au marli, de lambrequins et corbeilles de fleurs.
Diam., 56 cent.

157 — ROUEN. Grand plat rond décoré en bleu d'une rosace centrale avec couronne de rinceaux et bordure à lambrequins.
Diam., 55 cent.

158 — ROUEN. Grand plat rond décoré en bleu, au fond, d'une rosace rayonnante, avec bordure de lambrequins au marli.
Diam., 62 cent.

159 — ROUEN. Plat rond décoré en bleu d'un décor analogue au précédent.
Diam., 55 cent.

160 — ROUEN. Grand plat rond décoré en bleu ; au centre, buste au milieu de rinceaux ; bordure de dentelle.
Diam., 58 cent.

161-162 — ROUEN. Deux grands plats ronds décorés en camaïeu bleu; au centre, écusson armorié, timbré d'une couronne de marquis, et supporté par deux lions; bordure rayonnante à pendentifs.
Diam., 55 cent.

163 — ROUEN. Plat à bord godronné, décoré en bleu, au centre, d'une grande rosace rayonnante, et, au marli, de lambrequins à feuillages.
Diam., 55 cent.

164 — ROUEN. Plat décoré en bleu, au fond, d'un motif ferronnerie à

fleurs, draperies et grands rinceaux, et, au marli, d'un lambrequin de fleurons et d'ornements variés.

Diam., 55 cent.

165 — ROUEN. Plat décoré en bleu, au centre, de deux écus accolés, timbrés d'une couronne de marquis et supportés par deux levrettes, et, au marli, d'un large lambrequin de fleurs et rinceaux.

Diam., 56 cent.

166 — ROUEN. Plat décoré en bleu, au fond, d'une corbeille s'appuyant sur deux rinceaux symétriques, et, au marli, de rinceaux et ornements disposés en lambrequins.

Diam., 38 cent.

167 — ROUEN. Grand plat décoré en bleu, au fond, de vases, oiseaux et ustensiles variés dans le goût chinois, et, au marli, de feuillages et de rinceaux fleuris, disposés en lambrequins.

Diam., 53 cent.

168 — ROUEN. Plat décoré en bleu, au fond, d'un motif à figures d'amours, cornes d'abondance et feuillages ; au marli, d'une large bordure fleuronnée.

Diam., 53 cent.

169 — ROUEN. Plat décoré en bleu d'une rosace, d'une couronne et d'une bordure.

Diam., 50 cent.

170 — ROUEN. Grand vase conique à fleurs, à deux poignées, décoré en bleu de deux zones de lambrequins inversés.

Haut., 34 cent.; diam., 42 cent.

171 — ROUEN. Grand plat rond décoré en bleu, au centre, d'un double écu d'alliance timbré d'une couronne comtale et entouré d'une bande de rinceaux et de chrysanthèmes. La bordure du plat est formée d'un listel saillant entre deux dentelures.

Diam., 55 cent.

172-173 — ROUEN. Deux hanaps en casque, décorés en bleu de rinceaux, feuillages et godrons ; l'anse, en forme de dragon, est mouchetée.

Haut., 30 cent.

174 — ROUEN. Hanap en casque à culot godronné et mascarons sous le déversoir; décor bleu de lambrequins.
Haut., 26 cent.

175 — ROUEN. Hanap en casque, décoré en bleu de deux écus accolés timbrés d'une couronne comtale et de bouquets de fleurs et rinceaux.
Haut., 26 cent.

176 — ROUEN. Hanap en casque à culot godronné, décoré en bleu de zones de rinceaux et feuillages superposés.
Haut., 28 cent.

177 — ROUEN. Hanap en casque, décoré en bleu de rinceaux et feuillages.
Haut., 31 cent.

178 — ROUEN. Pot à beurre à deux petites anses plates et décoré d'ornements, aux armes des Montmorency, en camaïeu bleu.
Haut., 21 cent.

179 — ROUEN. Grande cruche décorée en bleu de pendentifs de fleurs et lambrequins.
Haut., 37 cent.

180 — ROUEN. Fontaine côtelée à mascarons en relief, décorée en bleu de lambrequins et d'ornements.
Haut., 40 cent.

Fabriques de Moustiers et de Strasbourg.

181 — MOUSTIERS. Plat ovale décoré de figures, grotesques, draperies et quadrillés dans le style de Bérain, en camaïeu bleu, avec écusson de cardinal à la partie supérieure.
Haut., 51 cent.; larg., 62 cent.

182 — MOUSTIERS. Grand plat rond décoré d'un sujet de chasse d'après Tempesta et de rinceaux et grotesques, au marli, en camaïeu bleu, d'un très beau style.
Diam., 55 cent.

183 — MOUSTIERS. Grand plat décoré en bleu, au fond, de divinités de la

fable, de cariatides, singes, bustes et draperies à la Bérain, et, au marli, d'un lambrequin, de quadrillés et d'un blason archiépiscopal.

Diam., 50 cent.

184 — MOUSTIERS. Plat décoré en bleu, au fond, d'un sujet de chasse d'après Tempesta, et, au marli, d'une bordure à mufles de lion reliés par des festons.

Diam., 53 cent.

185 — MOUSTIERS. Plat ovale décoré en bleu, au fond, d'un sujet de chasse d'après Tempesta, et, au marli, d'une bordure de fleurs et rinceaux.

Grand diamètre, 58 cent.

186 — STRASBOURG. Pendule de forme contournée sur socle-console. La pendule est formée de motifs rocaille et fleurettes en couleurs avec têtes de femme émaillées au naturel, à droite et à gauche; le socle se compose d'enroulements rocaille avec ailes, coquille et guirlande de fleurs; comme couronnement, figure du Temps placée au-dessus d'une niche qui abrite un coq. Époque Louis XV.

Hauteur totale, 1 m. 14 cent.

CUIVRES CHAMPLEVÉS ET ÉMAILLES

187-188 — DEUX GÉMELLIONS (la paire) en cuivre champlevé et émaillé avec figures autrefois dorées. Au fond, un chasseur sur son cheval, accompagné de son chien; sur le marli, six compartiments de personnages dansant et faisant de la musique. Émaux bleus et blancs. L'un des deux est pourvu d'un goulot en forme de tête d'animal, pour tenir lieu d'aiguière. Ces bassins, qu'il est rare de rencontrer par paire, sont de travail de Limoges et du milieu du XIIIe siècle.

Diam., 22 cent.

189-190 — DEUX AUTRES GÉMELLIONS (la paire) des mêmes travail et époque que ceux qui précèdent. Au fond, un écusson parti de France ancien et Castille. Au marli, quatre compartiments de chevaliers combattant, séparés par des palmettes. Émaux blancs, bleus, jaunes, verts et rouges.

Diam., 22 cent.

191-192 — DEUX GÉMELLIONS (à laver) en cuivre champlevé et émaillé présentant, au fond, un chevalier aux pieds de sa dame, et, au marli, quatre compartiments de personnages dansant et faisant de la musique, séparés par des écussons. Travail limousin. XIII° siècle.

Diam., 22 cent. 1/2.

193-194 — Deux autres gémellions (à laver) des mêmes travail et époque que les précédents : l'un présente, au fond, un chevalier aux pieds de sa dame, et, au marli, six compartiments de femmes assises ; l'autre, un chasseur, le faucon au poing, avec quatre compartiments de personnages faisant de la musique, séparés par des écussons, au marli.

Diam., 23 cent.

195 — Gémellion (à verser) seul des mêmes métal, travail et époque que les précédents. Au fond, combat de chevaliers ; au marli, quatre compartiments de sirènes à corps d'oiseaux et de personnages dansant et faisant de la musique, séparés par des tourelles.

Diam., 23 cent. 1/2.

196 — Autre gémellion (à verser) des mêmes métal, travail et époque que les précédents. Celui-ci porte, à l'intérieur, huit écussons armoriés et gravés, et, au centre, un chevalier armé, passant au galop.

Diam., 23 cent.

197 — Gémellion (à verser) analogue à ceux qui précèdent, mais orné de six médaillons à têtes d'anges, séparés par des fleurons avec chevalier au centre.

Diam., 23 cent.

198 — Pyxide cylindrique basse à couvercle conique en cuivre champlevé, émaillé et doré ; elle est décorée de bustes d'anges et de rinceaux. Travail de Limoges du XIII° siècle.

Haut., 10 cent.; diam., 7 cent.

199 — Pyxide à toit conique en cuivre champlevé et émaillé, à rosaces et palmettes. Limoges. XIII° siècle.

Haut., 11 cent.; diam , 6 cent.

200 — Pyxide analogue à la précédente et décorée de rosaces et fleurons. Limoges. XIII° siècle.

Haut., 9 cent.; diam., 6 cent. 1/2.

201 — Navette à encens des mêmes métal et travail. Sur le couvercle, la Salutation angélique, les personnages étant réservés. Beau travail italien de la fin du xiii° siècle.

Long., 18 cent.; larg., 9 cent.

202 — Croix en cuivre gravé et doré avec Christ et globules en ronde bosse sur les bords. Les épattements de la croix sont ornés de plaques d'émail champlevé représentant la Vierge, saint Jean, les attributs de la mort et le pélican. Au revers, l'agneau pascal et des ornements gravés. Italie. xiv° siècle.

Haut., 49 cent ; larg., 31 cent.

ÉMAUX DE LIMOGES

203 — Médaillon ovale en émail peint par Léonard Limosin : Portrait de Louis de Gonzague, duc de Nevers, de trois quarts à gauche, vêtu d'un pourpoint noir tailladé, doublé d'hermine blanche avec collerette tuyautée, et coiffé d'une toque avec plume également noire, le tout rehaussé de dorure et sur fond bleu avec draperie verte au-dessous du buste. Cadre cartouche en émail moderne à figures allégoriques.

Grand diamètre du portrait, 43 cent.
Petit diamètre du portrait, 30 cent.

204 — Médaillon ovale en émail peint par Léonard Limosin : Portrait de Catherine de Médicis, de trois quarts à gauche, vêtue d'un corsage blanc décolleté continué sur les épaules et le cou par un réseau quadrillé de perles blanches, avec manches légèrement bouffantes; comme garniture de corsage, chaines et bijou pendentif en perles et or; autour du cou, collier au chiffre de Henri II; elle porte une coiffe noire et blanche, ornée également de perles ; le tout rehaussé de dorure et sur fond bleu avec draperie verte au-dessous du buste. Cadre cartouche en émail moderne à figures allégoriques.

Grand diamètre du portrait, 43 cent.
Petit diamètre du portrait, 32 cent,

205 — Portrait du roi François Ier, en émaux de couleurs sur plaque rectangulaire, par Léonard Limosin, 1550. Le roi, vu de profil et regardant à gauche, est coiffé d'une toque de velours noir avec plume blanche ; son pourpoint garni de fourrure est rehaussé d'or. Le fond

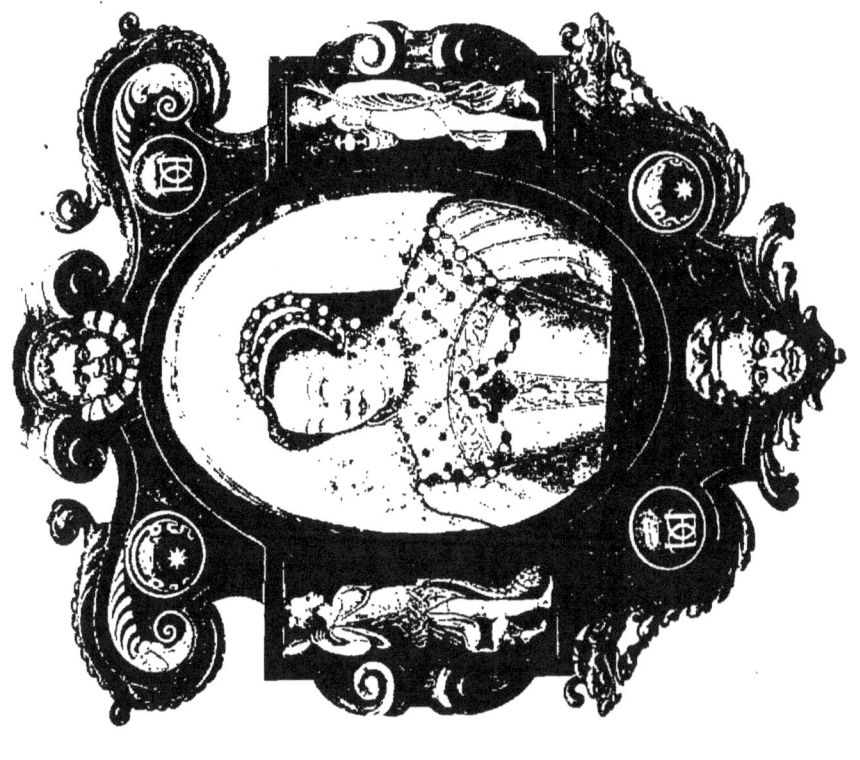

N° 504.

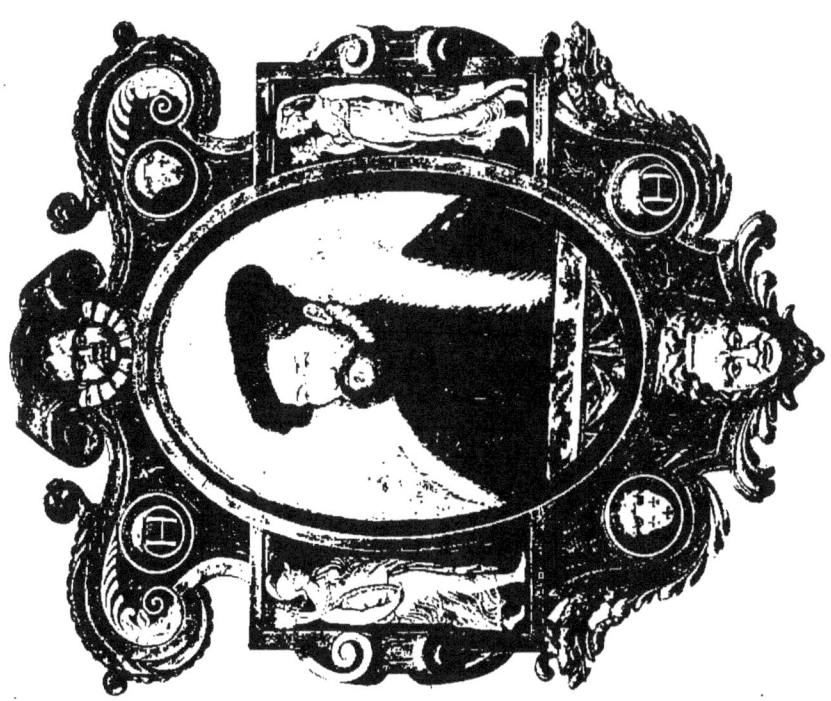

N° 503.

du tableau est émaillé bleu et au bas se trouve une draperie verte. Au-dessous, se lit le monogramme de l'artiste : L. L., 1550. Cadre en bois sculpté et doré de style Renaissance, garni de plaques d'émail. Collections Debruge et Soltykoff.

Haut., 19 cent.; larg., 14 cent.

206 — PORTRAIT de Claude de France, femme du roi François Ier. Peinture en émaux de couleurs sur plaque rectangulaire, par Léonard Limosin. La reine, vue de trois quarts, a la tête tournée à droite ; elle est vêtue d'un corsage noir décolleté avec manches garnies d'hermine blanche, et porte un collier de perles et une garniture de corsage en perles également, qui se détachent sur le fond noir du vêtement ; sa coiffe noire et blanche est aussi ornée de perles. Fond bleu avec draperie verte au-dessous du buste. Le mononogramme de l'artiste et la date de 1550 se lisent au revers du tableau. Cadre de style italien, en bois sculpté et doré en partie. Collections Debruge et Soltykoff.

Haut., 18 cent.; larg., 16 cent.

207 — MÉDAILLON ovale en émail peint par Léonard Limosin : Portrait de femme de trois quarts à gauche, vêtue d'un corsage blanc décolleté, à nombreux plis, bordé d'une bande bleu clair ornée de bijoux ; elle porte une coiffure haute soutenue par des rubans d'étoffe s'enroulant autour de la tête et entremêlés d'émaux sur paillons simulant des bijoux ; le tout rehaussé de dorure et sur fond bleu. Revers d'émail translucide. Cadre rectangulaire en émail moderne.

Grand diamètre du portrait, 27 cent.
Petit diamètre du portrait, 20 cent.

208 — TRIPTYQUE. Peinture en émaux de couleurs, rehaussés d'or, attribuée à Léonard Limosin. Le tableau central représente l'Annonciation, avec le Père éternel dans l'angle gauche, et la Visitation sous une des arcades de l'arrière-plan. Sur le volet de droite, le prophète Moïse, et, sur celui de gauche, la sibylle Asponcia, tous deux debout, entourés d'une banderole. La partie cintrée, placée au-dessus du tableau central, offre le buste du Père éternel bénissant et entouré d'anges. Monture en bois d'ébène à moulures.

Hauteur totale, 39 cent.; largeur totale, 48 cent.

209 — PLAQUE ronde. Peinture en grisaille sur fond noir avec rehauts d'or, attribuée à Léonard Limosin. Elle représente un buste de femme vue de profil et porte en or les noms de *Romana Lucressia*. Le cadre

en bois doré à moulures est enrichi de quatre plaques d'émail décorées en grisaille sur fond bleu, représentant des cariatides de femmes et des arabesques.

Diamètre de la plaque, 24 cent.
Diamètre total, 48 cent.

210 — GRANDE PLAQUE de forme rectangulaire. Peinture en émaux de couleurs attribuée à Léonard Limosin. Elle représente diverses scènes qui semblent tirées de l'histoire de l'Enfant prodigue; ces scènes se passent dans un paysage montagneux avec maisons et se composent de quantité de figures. Cadre italien de forme monumentale, en bois sculpté, avec parties dorées.

Hauteur de la plaque, 51 cent.; larg., 44 cent.

211 — TRÈS BELLE PLAQUE ronde : le Christ descendu de la Croix, entouré de saintes femmes. Peinture en grisaille teintée, rehaussée d'or, par Jean III Pénicaud, d'après Schiavone. Le contre-émail translucide laisse apercevoir le poinçon du maître. Cet émail provient des collections Brunet-Denon et Rattier. Il est cité par M. Delaborde, dans sa notice sur les émaux du Louvre (p. 161), comme étant un chef-d'œuvre.

Diam., 22 cent.

212 — COUPE ronde sur pied élevé et à couvercle. Peinture en grisaille rehaussée d'or sur fond noir avec carnations teintées par Jean III Pénicaud. Le couvercle présente, à l'extérieur, diverses scènes de la vie de Joseph, et, à l'intérieur, quatre bustes dans des cartouches ovales séparés par des trophées en dorure. La coupe offre, à l'intérieur, un groupe de guerriers combattant et, à l'extérieur, des têtes de chérubins reliées à des mascarons par des draperies. Le pied présente un décor analogue.

Haut., 20 cent.; diam., 21 cent.

213 — ASSIETTE. Peinture en grisaille avec carnations teintées par Jean III Pénicaud. Elle représente le mois de septembre qui est figuré par une scène de vendange ; son bord est décoré d'animaux et mascarons, et des cartouches en dorure, existant au revers, contiennent la date de 1550.

Diam., 19 cent.

214 — BELLE PLAQUE ronde. Peinture en grisaille rehaussée d'or sur fond noir, par Martin Didier, et portant les initiales M. D. Elle représente le jugement de Pâris. Dans le haut du tableau, l'Amour dans les nuages

COLLECTION SEILLIERE

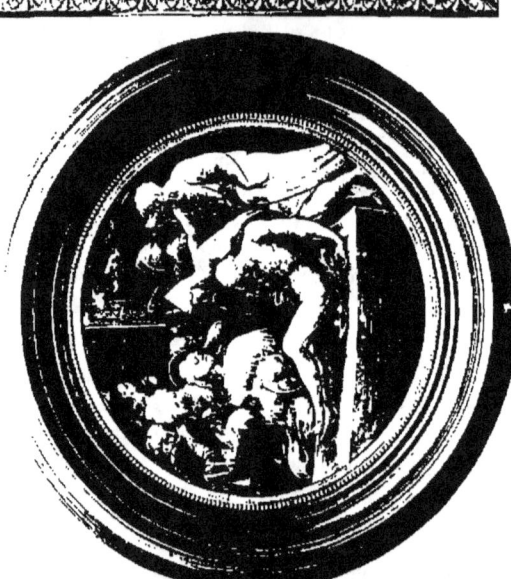

Nº 205

Nº 211

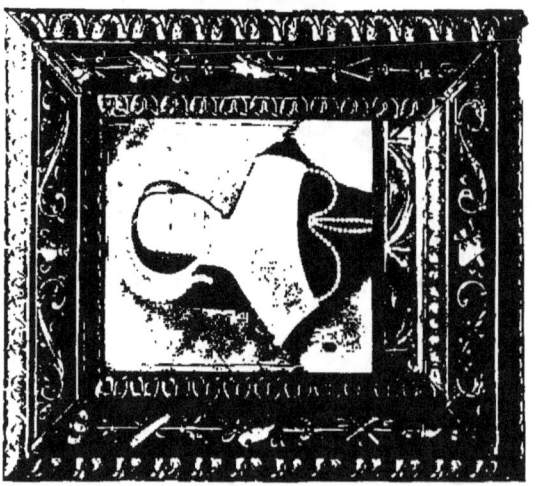

Nº 206

COLLECTION SEILLIÈRE

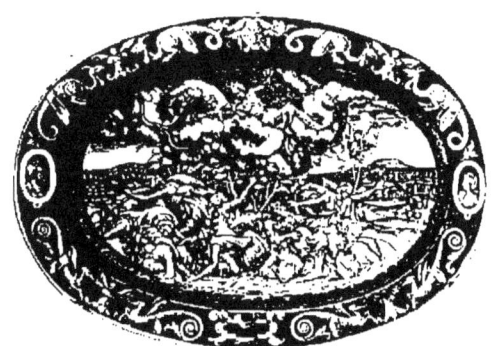

Nº 213

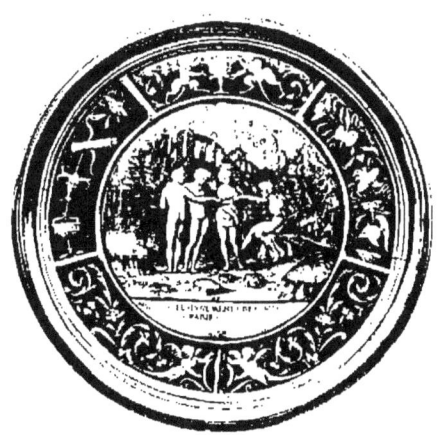

Nº 214

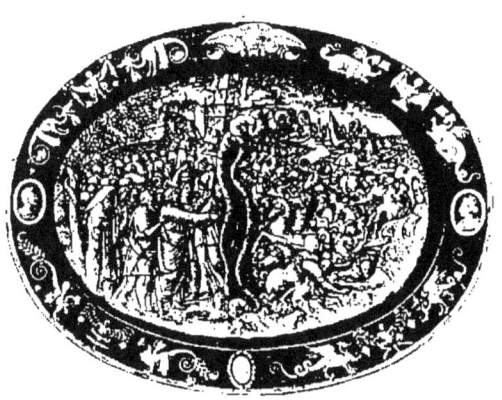

et les yeux bandés est dans l'attitude de tirer de l'arc. Comme fond, à droite, l'Enlèvement d'Hélène; à gauche, l'Incendie de Troie. Le cadre à moulures en bois doré est enrichi de cinq plaques d'émail décorées de rinceaux, cariatides, trophées et grotesques.

Diamètre de la plaque, 26 cent.
Diamètre total, 46 cent.

215 — PLAT ovale. Peinture en grisaille rehaussée d'or avec carnations teintées par Jean Courtois. Il représente, au fond, le Passage de la mer Rouge; au premier plan, Moïse, et Pharaon sur son char. Son bord est décoré de grotesques et de bustes, et il offre, au revers, un large cartouche ovale avec cariatides et mascarons fantastiques et le monogramme I. C.

Haut., 40 cent.; larg., 53 cent.

216 — COUPE ronde et basse sans couvercle. Peinture en grisaille rehaussée d'or avec carnations teintées par Jean Courtois, monogramme I. C. Il représente, à l'intérieur, le Passage de la mer Rouge; à l'extérieur, il est décoré d'un riche cartouchage à cariatides et mascarons sur fond noir, rehaussé d'arabesques d'or. Le pied est orné de grotesques et est fleurdelisé à l'intérieur.

Haut., 10 cent.; diam., 25 cent.

217 — SALIÈRE de forme ovale. Peinture en grisaille sur fond noir avec chairs teintées par Pierre Courtois. Les initiales P. C. se lisent en or à l'intérieur de la pièce émaillée blanc, et en noir à l'extérieur. La capsule est décorée d'une tête d'homme laurée avec entourage de fruits et d'enroulements, et porte la devise : « Pour aymer en vertu ». La base, qui forme une haute moulure profilée en doucine, représente un paysage maritime avec figures en costumes du XVIe siècle. On y lit les devises : « Spere lucen » (Spero lucem) et « Pour aymer en vertu », en dorure.

Haut., 8 cent.; long., 12 cent.; larg., 10 cent.

218 — GRAND PLAT ovale en largeur. Peinture en grisaille, chairs teintées sur fond noir et rehauts d'or par Martial Courtois. Il offre, à l'intérieur, le sujet de la Vengeance d'Apollon contre les enfants de Niobé. Bordure de grotesques, mascarons et bustes. Dans un cartouche, les initiales de l'artiste : M. C. Revers de grotesques. Dans les cartouchages, vases et groupes de fruits. Au centre, l'inscription : *Vengeance contre Niobé.*

Grand diamètre, 51 cent.
Petit diamètre, 37 cent.

219 — PLAT ovale. Peinture en grisaille, carnations teintées, détails dorés; le fond représente le festin de Balthazar; sur un des piliers de la salle du repas, l'inscription célèbre; le bord est orné de grotesques, et le revers d'un grand cartouchage avec buste au centre. Milieu du xvi⁰ siècle.

Haut., 30 cent.; larg., 53 cent.

220 — PLAT rond avec ombilic au centre. Peinture en grisaille rehaussée d'or avec carnations teintées par Pierre Raymond. Signé : P. R., et portant la date de 1569. Le sujet, qui se déroule autour de l'ombilic, représente un combat entre deux armées (Exode, XVII). Le bord est décoré de grotesques, et le centre de l'ombilic est occupé par un buste de femme. Le revers présente un riche cartouchage avec mascarons, têtes de chérubins, guirlandes de fruits, et son centre est décoré de deux bustes accolés.

Diam., 47 cent.

221 — PLAT ovale. Peinture en grisaille, carnations teintées et rehauts d'or par Pierre Raymond. Non signé. Le sujet qui occupe le fond de ce plat, composé de nombreuses figures, est tiré du xviii⁰ chapitre de l'Exode. Le bord est décoré d'arabesques et de grotesques. Le revers, orné d'un large cartouche, offre, à son centre, le buste d'Henri IV, alors roi de Navarre, et porte la date du 29 août 1576.

Haut., 40 cent.; larg., 55 cent.

222 — COUPE ronde à couvercle et sur piédouche à balustre. Peinture en grisaille, par Pierre Raymond. Cette pièce offre dans toutes ses parties des sujets tirés de l'histoire de Joseph (Genèse, XLIII), ainsi que des cartouches à figures, des mascarons, des groupes de fruits, des tritons et naïades, et des ornements variés.

Hauteur totale, 25 cent.; diam., 17 cent.

223 — COUPE ronde sur pied élevé et à couvercle offrant quatre médaillons ovales et repoussés. Peinture en grisaille sur fond noir rehaussé d'or. Carnations teintées par Pierre Raymond. Signé en toutes lettres P. Rexmon et portant la date de 1546. Le couvercle est décoré de quatre bustes sur fond pointillé d'or avec entredeux formés de trophées d'armes et de musique. A l'intérieur, les quatre bustes correspondants, compris dans des médaillons ovales, sont séparés par des arabesques d'or. La coupe représente à l'intérieur le festin d'Énée et de Didon et le pied est orné de guirlandes et de trophées.

Haut., 20 cent.; diam., 20 cent.

COLLECTION SEILLIÈRE

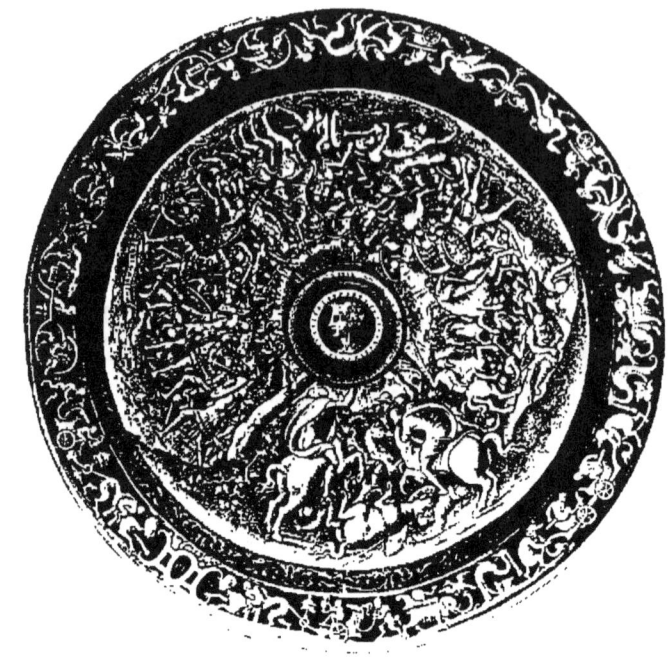

N° 220

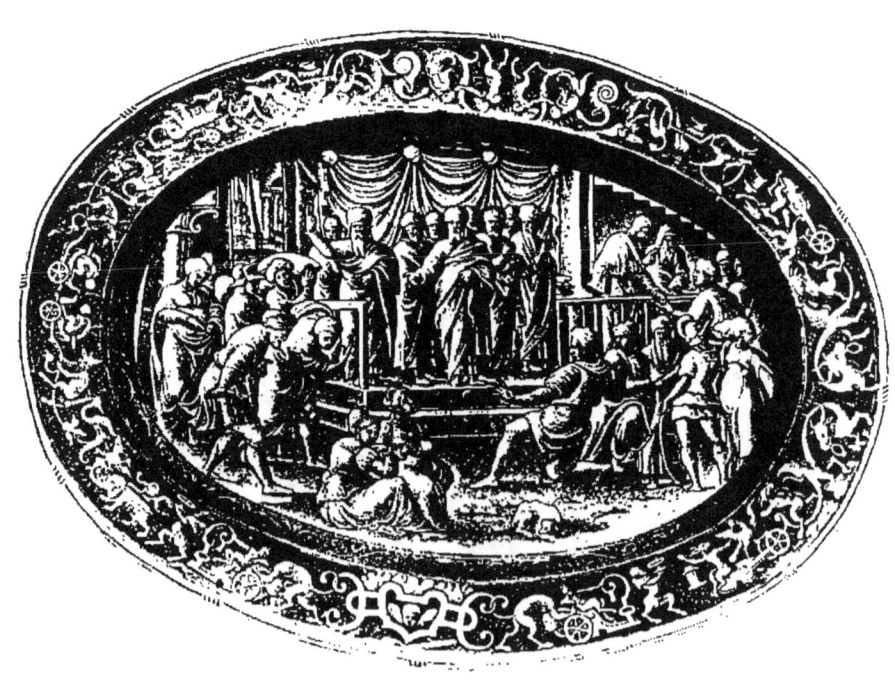

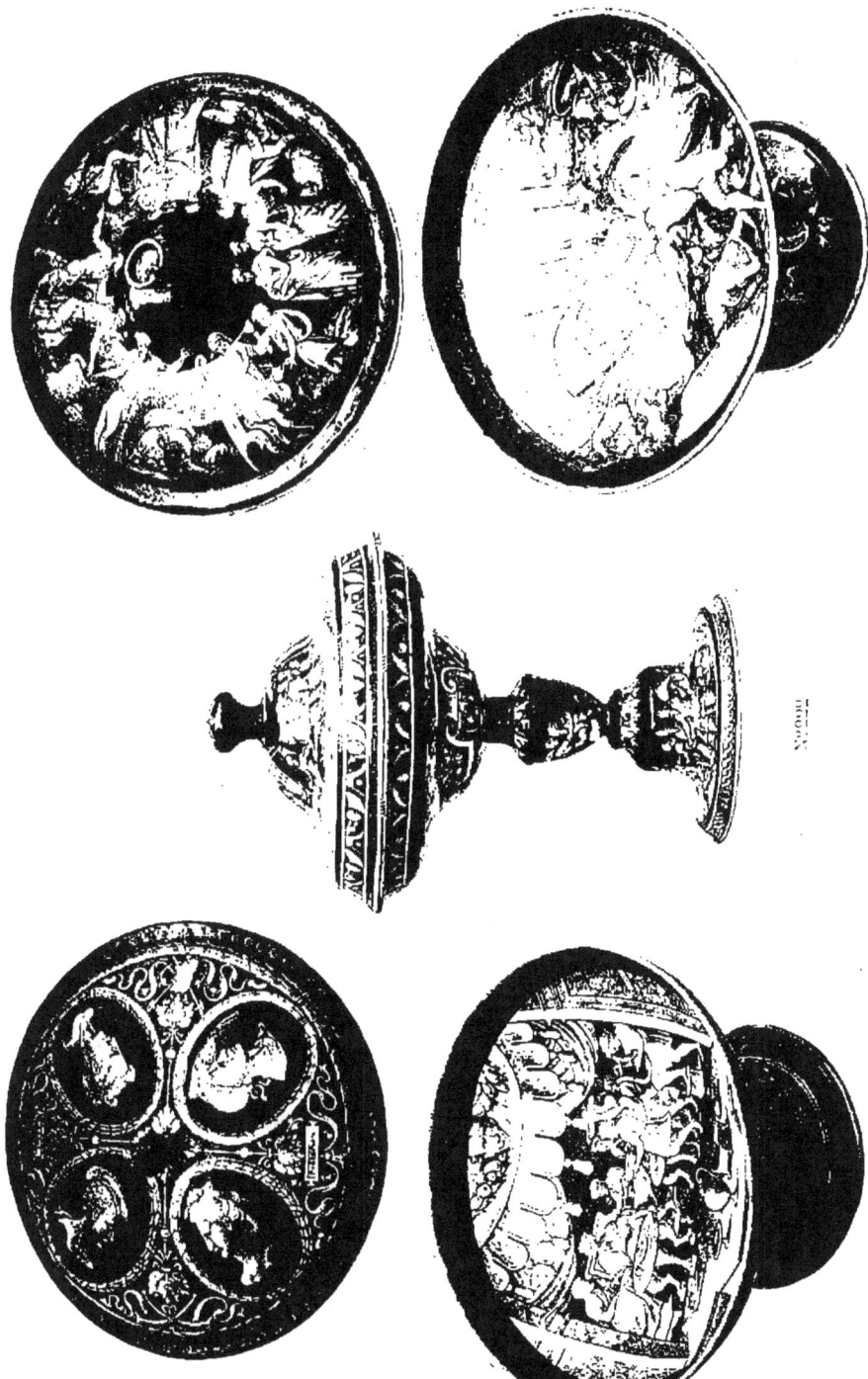

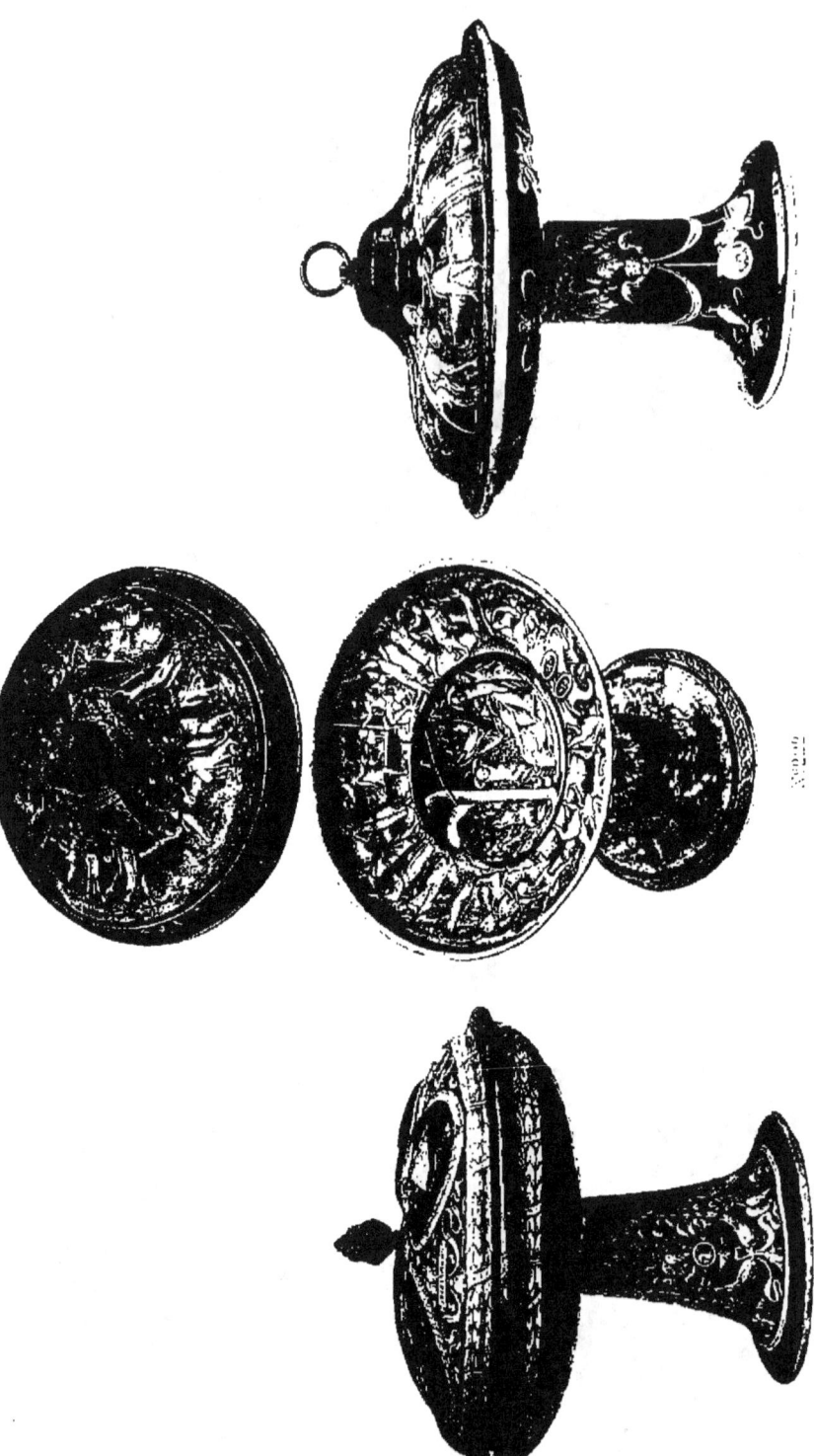

224 — PETIT MÉDAILLON rond ou enseigne de toque. Peinture en émaux de couleurs avec points en relief, imitant les pierres précieuses dans la manière des premiers Pénicaud : Saint Jacques le Majeur vu à mi-corps en costume de pèlerin, un livre à la main, sur fond marron.

Diam., 4 cent.

ÉMAUX VÉNITIENS

225 — ÉMAIL vénitien. Petite aiguière à panse sphérique godronnée, col droit et haut, anse contournée et goulot en S se terminant à sa partie supérieure par une tête d'animal fantastique. Cette pièce est émaillée gros bleu avec parties émaillées vert, les godrons étant réservés en émail blanc, et elle est enrichie d'un riche décor d'or. Un écusson émaillé sur argent, de gueules à deux lions d'or, a été rapporté sur le pied. XVIe siècle.

Haut., 19 cent.

226 — ÉMAIL vénitien. Petit plat rond à ombilic et à côtes en spirales. Il est émaillé gros bleu et vert foncé, et il est recouvert d'un riche décor d'or, à rosace et ornements. XVIe siècle.

Diam., 29 cent.

227 — ÉMAIL vénitien. Petit plat analogue à celui qui précède, ses côtes sont émaillées blanc sur fond bleu. XVIe siècle.

Diam., 29 cent.

VITRAUX

228 à 231 — QUATRE GRANDES VERRIÈRES composées de riches motifs d'architecture en grisaille rehaussée de jaune d'or, dont l'arc central, rempli par une composition de figures représentant des sujets bibliques, est accompagné de frises, de soubassements à l'antique et d'armoiries. Ces vitraux d'un grand style et du plus beau fini portent la date de 1543.

Hauteur de chacune de ces verrières, 2 m. 12 cent.
Larg., 65 cent.

232 — VITRAIL rectangulaire en hauteur, présentant, en grisaille légèrement rehaussée de couleurs, les armes et le chiffre du connétable

Anne de Montmorency au milieu de festons, figures, animaux, sátyres, cuirs découpés, draperie et cornes d'abondance. France. XVIᵉ siècle.

Haut., 1 m. 68 cent.; larg., 56 cent.

233 — Vitrail provenant de la même verrière que le précédent et offrant dans un grand médaillon ovale à fond vert l'épée de connétable; autour du médaillon se voient des cartouches et des ornements d'architecture reliés par des guirlandes.

Haut., 1 m. 5 cent.; larg., 62 cent.

234 — Autre vitrail d'une ornementation analogue ayant au centre un médaillon à fond jaune contenant le chiffre du connétable et encadré d'un torc de feuillages verts.

Haut., 1 m. 5 cent.; larg., 62 cent.

235 — Fragment de vitrail rectangulaire en largeur, représentant des termes, des sphinx, des brûle-parfums et des draperies.

Haut., 20 cent.; larg., 53 cent.

236 — Vitrail présentant à son centre un écusson d'armoiries, placé dans un médaillon ovale, avec riche cartouchage décoré de mascarons, d'oiseaux et de festons de fleurs en couleurs. Il porte la date de 1622 et l'inscription : *D. Dionisyus Ogerus Cappellan⁹ Sᵗⁱ Pauli Leodiensis.*

Haut., 90 cent.; larg., 56 cent.

237 — Vitrail carré représentant les armes de la famille de Montmorency.

Haut., 44 cent.; larg., 42 cent.

VERRERIE DE VENISE

238 — Aiguière de forme antique, à panse ovoïde et goulot à trèfle en verre incolore, à filets d'émail blanc croisés, dit laticinio. L'anse est rattachée à la panse par une rosace. Travail vénitien du XVIᵉ siècle.

Haut., 28 cent.

239 — Aiguière en verre de Venise analogue à celle qui précède ; son anse a été rattachée à l'aide d'une garniture d'argent. XVIᵉ siècle.

Haut., 29 cent.

COLLECTION SEILLIERE

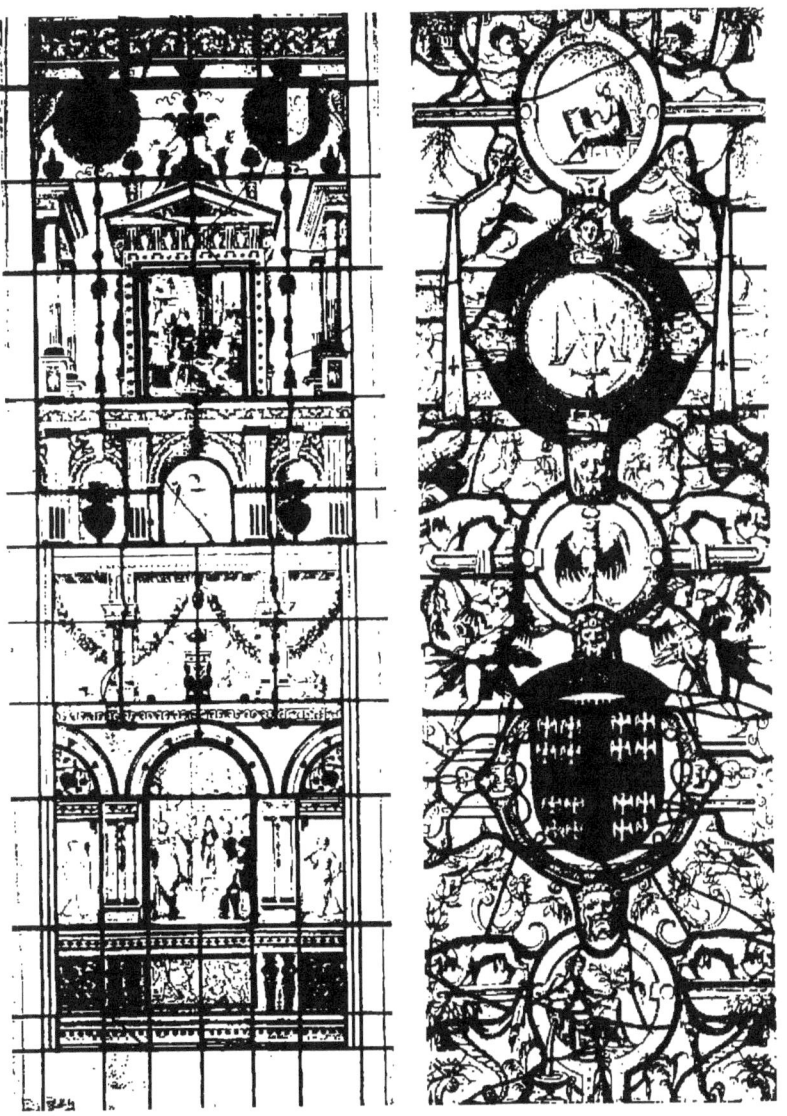

Nº 228   Nº 252

240 — Aiguière de forme très élégante à panse ovoïde et goulot à trèfle, en verre craquelé de Venise ; sa panse et son anse sont enrichies de mascarons et de rosaces en relief, rapportés. XVIe siècle.

Haut., 34 cent.

241 — Vase de forme ovoïde et à goulot étroit, évasé à sa partie supépérieure, en verre de Venise, filigrané d'émail blanc à torsades et en spirale ; travail dit laticinio. XVIe siècle.

Haut., 31 cent.

242 — Petit vase de forme antique à panse ovoïde avec anses et pied, en verre incolore, craquelé et soufflé à godrons. La panse de ce joli vase est décorée de deux mascarons ailés en verre d'applique, émaillés au naturel et dorés, ainsi que de quatre zones d'émail blanc. Le pied côtelé est craquelé d'or. Travail vénitien du XVIe siècle.

Haut., 15 cent.; diam., 13 cent.

243 — Verre à boire de forme évasée sur piédouche à nœud, en verre incolore décoré de rinceaux et de torsades en émail blanc. Travail vénitien du XVIe siècle.

Haut., 18 cent.

244 — Gobelet en verre de couleur vert foncé, dont la coupe piriforme est décorée d'une imbrication d'écailles dorées et de points d'émail de couleurs en relief; pied à nervures saillantes et craquelé d'or. Travail vénitien du XVIe siècle.

Haut., 21 cent.; diam., 13 cent.

245 — Coupe dont le culot et le nœud du piédouche sont garnis d'ornements, en verre incolore, formant retombées et découpés à jour. La coupe et la base du pied sont décorées de filets d'émail blanc. Travail vénitien du XVIe siècle.

Haut., 16 cent.; diam., 14 cent.

246 à 249 — Quatre grandes assiettes circulaires à bords plats en verre de Venise. Elles sont décorées de trois zones de grotesques, gravés à la pointe de diamant, alternant avec des zones d'or craquelé renfermées entre deux filets de verre blanc ; trois d'entre elles portent les armes des Médicis au centre. XVIe siècle.

Diam., 27 cent.

250 — PETITE SECCHIA en verre de Venise incolore repoussé à bossages et rubané d'émail blanc. XVIᵉ siècle.
Haut., 9 cent.; diam., 11 cent.

251 — PETIT FLACON à bouchon et à deux anses travaillées à la pince, en verre de Venise incolore, filigrané d'émail blanc en trois dessins alternant. XVIᵉ siècle.
Haut., 15 cent.

252 — VASE à large ouverture à la partie supérieure et à deux anses, en verre de Venise incolore avec filets d'émail blanc croisés. XVIᵉ siècle.
Haut., 15 cent.

253 — VASE analogue à celui qui précède. Il est décoré de filets d'émail blanc enroulés et croisés et de larges bandes alternant. XVIᵉ siècle.
Haut., 16 cent. 1/2.

254 — PETIT BROC à une anse, en verre de Venise incolore, décoré de nervures saillantes en émail blanc formant dessins. XVIᵉ siècle.
Haut., 11 cent.

255 — PETITE COUPE ronde en verre de Venise, rubané d'émail blanc en spirale et sur pied en verre incolore à trois nœuds superposés. XVIᵉ siècle.
Haut., 13 cent.

256 — PETIT VASE à panse surbaissée et à goulot évasé, en verre de Venise incolore, à côtes; les deux anses, travaillées à la pince, et son goulot sont enrichis d'émail bleu. XVIᵉ siècle.
Haut., 15 cent. 1/2.

257 — PETITE COUPE ronde et peu profonde en verre de Venise incolore, à gaufrages formant une rosace, et sur piédouche à nœud décoré de mufles de lion en relief. XVIᵉ siècle.
Haut., 12 cent.; diam., 15 cent.

258 — COUPE analogue à celle qui précède. Son pied est plus élevé et gaufré à côtes.
Haut., 13 cent. 1/2; diam., 14 cent. 1/2.

259 — DEUX PETITES BURETTES en verre de Venise filigrané d'émail blanc et à une anse travaillée à la pince. XVIᵉ siècle.
Haut., 9 cent. 1/2.

VERRERIE DE VENISE

260 — PETITE BURETTE en verre de Venise incolore, à fleur de lis en relief et nervures saillantes, et décorée à la gorge de deux filets d'émail jaune. XVIe siècle.

Haut., 10 cent.

261 — GRAND ET BEAU VASE en verre bleu de Venise, à panse sphérique, gorge légèrement évasée, couvercle, et reposant sur un piédouche dont le nœud est enrichi de mascarons en relief. Il est décoré à froid de mascarons et d'ornements en or et couleurs, et enrichi de fines gravures à la pointe représentant des rinceaux et des ornements. XVIe siècle.

Hauteur totale, 37 cent.

262 — VASE en forme de coquille à double valve, à goulot élancé et à deux anses enroulées se terminant par des mascarons, en verre de Venise incolore, filigrané d'émail blanc. XVIe siècle.

Haut., 26 cent. 1/2.

263 — VASE en verre de Venise incolore, de forme cylindrique légèrement évasée. La panse est décorée de deux zones de filets d'émail blanc. Son piédouche est craquelé et son couvercle a un oiseau pour bouton. XVIe siècle.

Haut., 21 cent.

264 — VASE en verre vert de Venise, à panse ovoïde et goulot droit et large. Il est garni de deux anses en forme d'S. XVIe siècle.

Haut., 24 cent.

265 — PLATEAU rond sur piédouche en verre de Venise incolore, et nervures saillantes en spirale et relevées de dorure. Son bord est décoré d'imbrications en or rehaussées de points d'émail de couleurs et il porte au centre une rosace de même travail. XVIe siècle.

Haut., 7 cent.; diam., 26 cent.

266 — COUPE ronde et peu profonde sur piédouche, en verre de Venise incolore, décorée à son centre d'une rosace composée de filets d'émail blanc et bleu enroulés et à torsades. Le piédouche est rubané d'émail blanc. XVIe siècle.

Haut., 7 cent. 1/2; diam., 18 cent.

267 — COUPE modèle bateau, à ouverture rétrécie et sur piédouche, en

verre de Venise filigrané d'émail blanc, à l'imitation d'un filet de pêche, et à nervures saillantes. xvi⁰ siècle.

Haut., 13 cent.; larg., 14 cent.

268 — Beau vase modèle calice, à couvercle, sur pied à triple nœud en verre opale de Venise de belle qualité et à côtes en relief. xvi⁰ siècle.

Haut., 27 cent.

269 — Joli vase de forme ovoïde très élégante et à goulot allongé, en verre de Venise incolore filigrané blanc, à torsades et en spirale. xvi⁰ siècle.

Haut., 18 cent. 1/2.

270 — Petite coupe ronde et basse en verre de Venise rouge rubis, et à deux petites anses travaillées à la pince en verre incolore. xvi⁰ siècle.

Haut., 6 cent.; diam., 10 cent. 1/2.

271 — Gobelet à pied et à gorge en verre de Venise incolore, décoré de filets d'émail blanc croisés, avec bulle d'air réservée entre chaque losange formé par les filets d'émail. xvi⁰ siècle.

Haut., 13 cent.

272 — Joli verre à coupe élevée et sur pied à balustre en verre de Venise, de même qualité que le gobelet qui précède. xvi⁰ siècle.

Haut., 19 cent.

273 — Gobelet de forme cylindrique en verre de Venise, des mêmes qualité et décor. xvi⁰ siècle.

Haut, 13 cent.

274 — Petite coupe ronde sur pied à balustre, en verre de Venise, décorée de bandes d'émail blanc, formant rosace au centre de la coupe. xvi⁰ siècle.

Haut., 11 cent. 1/2; diam., 16 cent.

275 — Coupe ronde sur pied très élancé, en verre de Venise incolore, mais d'une grande légèreté. xvi⁰ siècle.

Haut., 16 cent.; diam., 16 cent.

276 — Verre à boire sur pied, à quatre côtes horizontales superposées,

en verre de Venise incolore. La coupe est décorée d'émail blanc formant un dessin en spirale. XVI° siècle.

Haut., 16 cent. 1/2.

277 — PETITE ASSIETTE creuse, à ombilic et côtes formant rosace. Son bord est décoré, à l'extérieur, d'imbrications à écailles d'or et points d'émail vert. XVI° siècle.

Diam., 20 cent.

278 — GOBELET en verre de Venise bleu aventuriné et marbré d'émail blanc. XVI° siècle.

Haut., 10 cent. 1/2.

279 — GRAND VERRE de Venise incolore, à coupe haute et évasée, sur pied à nœud orné de mascarons en relief. XVI° siècle.

Haut., 29 cent.

280 — COUPE ronde peu profonde, sur pied à balustre, en verre de Venise incolore et décoré de cercles concentriques et d'une rosace en filigrane d'émail blanc. Cette pièce a conservé des traces de dorure. XVI° siècle.

Haut., 13 cent.; diam., 23 cent.

281 — PETITE TASSE en forme de bol, garnie de deux petites anses en verre de Venise, à filets d'émail blanc entrecroisés et bulles d'air; elle est accompagnée d'un petit plateau de même travail. XVI° siècle.

Haut., 54 millim.; diam., 105 millim.
Diamètre du plateau, 190 millim.

282 — COUPE ronde profonde, sur piédouche, en verre de Venise émaillé, avec écusson armorié au centre et imbrications dorées et points blancs sur le pourtour. XVI° siècle.

Haut., 17 cent.; diam., 28 cent.

283 — COUPE ronde à lobes en verre de Venise, à torsades d'émail blanc.

Haut., 8 cent.; diam., 27 cent.

ANTIQUITÉS

284 — Coupe ronde à panse hémisphérique en argent, garnie à sa partie supérieure d'un bord légèrement cintré offrant, en bas-relief, des animaux au repos et au galop, séparés de deux en deux par des têtes de femmes de profil. Travail antique remarquable.

Haut., 11 cent.; diam., 28 cent.

285-286 — Trois pièces : coupe ronde et deux fragments de coupes antiques, en argent repoussé à figures et animaux.

287 — Vase antique égyptien en bronze, garni à sa partie supérieure de deux ailettes servant d'attaches à une anse mobile. Il est entièrement couvert de figures et d'hiéroglyphes très finement gravés.

Haut., 30 cent.

288 — Aiguière antique à panse ovoïde et goulot à trèfle : son anse est formée par la partie antérieure d'une panthère et se rattache à la panse du vase par un mascaron; sur la panse sont deux canards en relief. Bronze antique muni d'une patine rougeâtre.

Haut., 17 cent.

289 — Lacrymatoire antique en forme d'amphore à deux petites anses, entièrement couvert de chevrons d'émail bleu clair, jaune et noir.

Haut., 9 cent. 1/2.

290 — Basalte de nuance vert foncé. Magnifique vase de forme conique renversée, avec boudin à la base et garni à sa partie supérieure de deux anses prises dans la masse et découpées à jour. Couvercle de forme hémisphérique garni d'un bouton peu saillant. Travail antique gréco-égyptien.

Haut., 54 cent.

291 — Serpentin noir et blanc d'Égypte. Urne antique de forme ovoïde, garnie de deux petites anses transversales et portant, sur la panse, des hiéroglyphes. Collection Pourtalès.

Haut., 42 cent.

292 — Serpentin noir et blanc d'Égypte. Urne antique de même forme que celle qui précède, plus petite et sans couvercle.

Haut., 19 cent.

293 — Serpentin noir et blanc d'Égypte. Urne antique de forme surbaissée et garnie de ses deux anses transversales. Elle repose sur un trépied en bronze.

Haut., 15 cent.; diam., 34 cent.

294 — Marbre noir et blanc, dit petit antique. Urne antique de forme sphérique surbaissée et sans anse.

Haut., 17 cent.; diam., 28 cent.

295 — Marbre petit antique. Urne antique surbaissée analogue à la précédente, mais à deux anses.

Haut., 12 cent.; diam., 22 cent.

296 — Marbre petit antique. Deux urnes analogues à celles qui précèdent, mais plus petites et sans anse.

Haut., 9 cent ; diam., 15 cent.

297 à 301 — Albatre oriental. Onze canopes égyptiennes à couvercles formés de têtes humaines et de têtes d'animaux et portant sur la panse des hiéroglyphes gravés en creux. Travail antique.

Haut., 48, 43 et 35 cent.

ARMES ET FERS

302 — Barbute en fer à bombe repoussée à angle vif. Fin du xve siècle.

303 — Belle épée du xvie siècle, à pommeau, quillons droits et plats et garde, entièrement couverts d'ornements très fins, damasquinés en or.

304 — Belle épée de la fin du xvie siècle, à pommeau cannelé et ciselé à feuillages, quillons droits de même travail et garde portant à son centre la lettre M en relief. Cette pièce conserve des traces de dorure, et aurait appartenu, dit-on, au connétable de Montmorency.

305 — Belle clef en fer se composant de cariatides fantastiques ailées,

de mascarons, de dauphins, etc. Ce groupe découpé à jour repose sur un chapiteau corinthien. Beau travail du XVIe siècle.

306 — Clef en fer : le canon uni est surmonté d'un chapiteau composite qui le relie à l'anneau formé de deux chimères adossées, séparées par un écusson et un mascaron. XVIe siècle.

Haut., 16 cent.

BIJOUX ET DIVERS

307 — Médaillon de forme ovale : tête laurée du XVIe siècle, vue de profil, appliquée sur un fond de jaspe sanguin; la figure est en calcédoine blanche, le sommet de la tête est formé par une perle, la couronne, les cheveux et les draperies sont en or émaillé. La bordure en argent émaillé, enrichie de six petites pierres, a été rapportée. Collection Debruge.

Haut., 48 millim.; larg., 38 millim.

308 à 313 — Vingt et un petits couteaux à dessert, à lames d'or, d'argent et d'acier, et manches variés de travail du temps de Louis XVI.

314 — Plateau de forme octogone et allongée, en écaille, enrichi d'appliques en ivoire, gravées à fleurs et ornements. Époque Louis XIII.

Long., 38 cent. 1/2; larg., 29 cent.

315 — Boite formée de deux cercles engagés, en émail cloisonné de la Chine, à fond bleu turquoise.

Haut., 10 cent.; larg., 37 cent.

316 — Lapis-Lazuli. Grande et belle coupe de style Renaissance, en forme de coquille godronnée allongée, sur piédouche balustre à base conique; elle est surmontée d'une figure de Neptune en argent doré et est ornée de mascarons têtes de satyres et de dauphin et de guirlandes de fleurs en or émaillé en couleurs.

Cette pièce est la reproduction assez exacte de celle du Musée du Louvre. Elle a été exécutée par feu Charles Duron sous la direction de M. Roussel, expert.

Haut., 37 cent.; larg., 35 cent.

MATIÈRES DURES

MARBRES

317-318 — Porphyre rouge oriental. Deux bustes d'empereurs romains, grandeur nature, avec chlamyde en marbre brèche de Sicile.

Haut., 95 cent.

319 — Serpentin vert d'Égypte. Belle vasque ronde évidée et bord à moulure, de forme surbaissée et sur piédouche ; socle de même matière, de forme cylindrique, avec moulures en bronze.

Diamètre de la coupe, 46 cent.
Haut., 26 cent.
Hauteur du socle, 16 cent.

320 — Granit vert foncé et gris avec parties lamelleuses et chatoyantes. Grand et beau vase en forme d'urne, à panse ovoïde reliée à la partie supérieure de la gorge par deux anses carrées prises dans la masse et évidées. Le couvercle est surmonté d'un bouton sphérique.

Haut., 62 cent.

321-322 — Marbre grand antique. Quatre beaux vases à panse ovoïde sculptée à côtes en spirale, et à gorge sculptée à canaux creux.

Haut., 58 cent.

323 — Granit gris oriental. Deux vases forme cassolette, à couvercle, panse surbaissée et montés sur piédouche. Ils sont garnis de deux anses têtes de boucs et d'une galerie en bronze ciselé et doré Louis XVI. Plinthe en marbre vert de mer.

Haut., 30 cent.; diam., 25 cent.

324 — Porphyre de Suède rougeâtre. Deux vases du temps de Louis XVI, à panse droite, gorge très élevée et piédouche mince. Ils sont montés à anses têtes de boucs et pieds carrés en bronze ciselé et doré.

Haut., 54 cent.

325 — Albatre oriental. Coupe ovale enrichie de godrons sculptés ; son couvercle est orné de canaux creux.

Haut., 30 cent.

326 — SERPENTIN d'Égypte gris verdâtre. Deux vases de forme ovoïde, à gorge et à couvercle ; monture en bronze ciselé et doré du temps de Louis XVI, à anses têtes de lions et rinceaux, culot et piédouche.

Haut., 47 cent.

327-328 — MARBRE rouge antique. Quatre colonnes de très belle qualité avec double tore et chapiteaux ioniques en bronze doré. Plinthe en marbre grand antique.

Hauteur totale, 2 m. 3 cent.

329 — GRANIT rosé. Deux piédestaux de forme carrée sur triple plinthe en marbre rougeâtre, en marbre petit antique et en granit vert des Vosges.

Haut., 1 m. 32 cent.

330 — MARBRE noir. Deux petites colonnes avec bases et chapiteaux de même matière ; plinthes en marbre veiné.

Haut., 1 m. 41 cent.

331 — DEUX GAINES en marbre de rapport, avec godrons en relief et moulures en marbre blanc.

Haut., 1 m. 37 cent.

SCULPTURES EN MARBRE

332 — MARBRE BLANC. Très beau bas-relief représentant la Vierge assise vue à mi-corps, tenant son divin fils assis sur ses genoux. Deux anges voltigeant supportent une couronne sculptée en haut-relief et tiennent des branches de lis. Deux candélabres richement ornés sont reliés entre eux par une guirlande de laurier, et à droite et à gauche du groupe principal se trouvent deux écussons armoriés. Cette sculpture remarquable, attribuée à Donatello, est rehaussée de parties dorées et se détache sur un fond bleu azuré. Cadre de style italien et de forme monumentale en bois sculpté avec réserves d'or.

Haut., 90 cent.; larg., 57 cent.

333 — MARBRE BLANC. Bas-relief : la Vierge, vue à mi-corps et nimbée, regarde son divin fils qu'elle tient assis sur son bras gauche. Belle sculpture dans le goût de Donatello. Cadre en bois noir et filets dorés.

Haut., 58 cent.; larg., 40 cent.

COLLECTION SEILLIÈRE

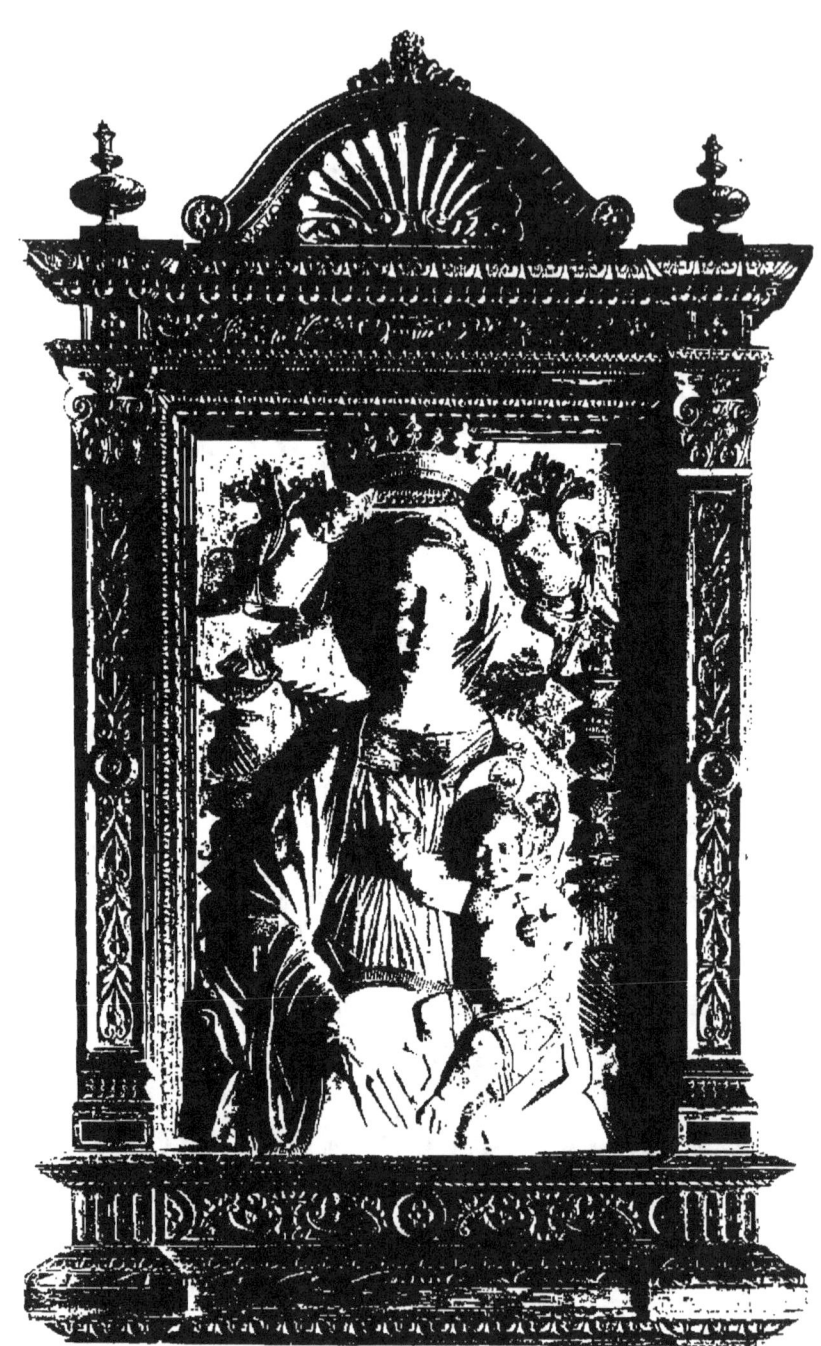

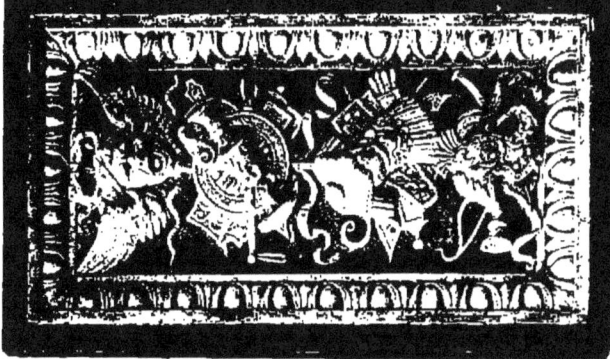

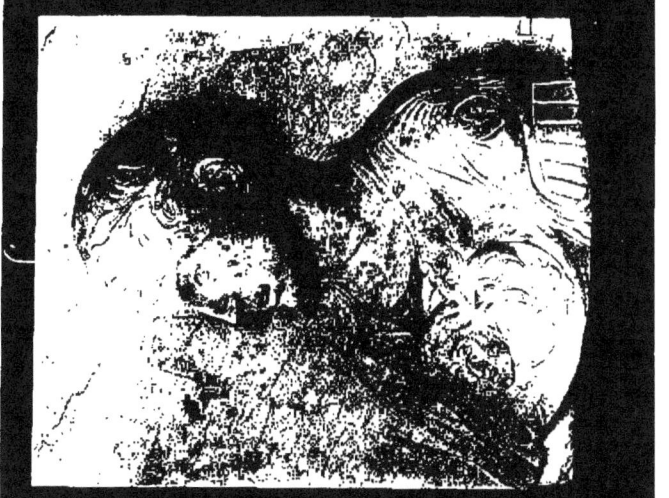

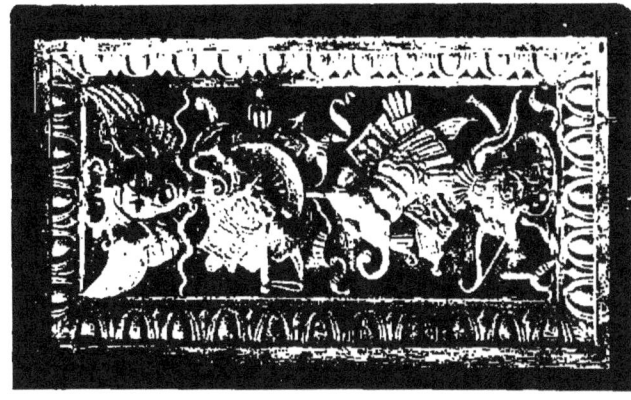

334 — Pierre noire de Florence. Bas-relief cintré du haut : Madone et enfant, de même style que le précédent. Cadre en bois rehaussé de dorure.

Haut., 57 cent.; larg., 38 cent.

335 — Marbre blanc. Haut-relief : buste lauré, vu de trois quarts, tourné vers la gauche et portant une riche cuirasse. Sculpture remarquable attribuée à Donatello.

Haut., 59 cent.; larg., 48 cent.

336 — Marbre blanc. Fronton de forme cintrée, offrant à son centre et en bas-relief la figure de Dieu le père bénissant, vu à mi-corps. Dans le champ, deux têtes de chérubins sont sculptées en relief très peu saillant. La partie inférieure du centre se termine par deux rosaces. XVIe siècle.

Haut., 36 cent.; larg., 82 cent.

337 — Marbre blanc. Deux aigles, grandeur nature, debout et dans l'attitude de prendre leur vol. Italie, XVIe siècle. Plinthes en marbre vert de mer.

Haut., 75 cent.

338 — Marbre blanc. Buste, grandeur nature, d'un prélat. Très belle sculpture italienne. XVIIe siècle.

Haut., 80 cent. environ.

339 — Marbre blanc. Buste d'empereur romain, grandeur nature. XVIe siècle.

Hauteur totale, 94 cent.

ORFÈVRERIE

340 — Aiguière en argent repoussé, décorée de sujets disposés dans des médaillons circulaires. Piriforme et à fond plat, elle est décorée vers son culot d'un rang de godrons peu accentués. Son goulot très resserré est pareillement décoré de godrons disposés en hélice ; il se termine par un bec formant avec l'orifice un angle droit. L'anse recourbée, à section prismatique, se rattache vers le milieu de la panse par une feuille ; une autre feuille de haut-relief en orne l'extrémité supérieure. Trois médaillons circulaires décorent la panse : dans

chacun d'eux sont représentées, sur un fond qui porte encore des traces de dorure, deux femmes debout, la tête entourée d'un nimbe, vêtues de robes serrées à la taille : l'une porte devant elle un tambourin et reçoit une offrande d'une autre femme tenant une aiguière ; deux autres jouent de la flûte et de la harpe ; les deux dernières jouent de la guitare et d'un instrument à vent à plusieurs tuyaux, analogue au sang des Chinois. Deux autres figures de femmes sont accroupies entre les médaillons, dans les écoinçons. Le fond des médaillons est garni de plantes à larges feuillages. Art persan du VIII° ou du IX° siècle. Publiée par M. Odobesco, dans la *Gazette archéologique* de 1886, planche X.

Haut., 36 cent.

341 à 344 — Quatre reliures d'évangéliaires en argent repoussé et doré en partie. Elles représentent, l'une, le Christ dans sa gloire ; la seconde, la Crucifixion ; la troisième, la Vierge assise, et la quatrième, l'Annonciation. XIV° siècle.

Hauteur de chacune d'elles, 48 cent.
Largeur de chacune d'elles, 28 cent.

345 — Encensoir en argent battu, composé de deux ordres superposés d'architecture gothique avec pignons et tourelles. Orfèvrerie allemande de la fin du XV° siècle.

Haut., 25 cent.; diam., 15 cent.

346 — Encensoir en argent battu, de même modèle que le précédent, mais d'époque postérieure.

Haut., 25 cent.; diam., 15 cent.

347 — Monstrance en cuivre doré, avec cylindre vertical en verre lisse, richement ornée d'architecture gothique : sur le piédouche, buste de saint Jean gravé. Cette pièce a subi des restaurations.

Haut., 85 cent.

348 — Grand gobelet d'argent battu et doré. La coupe, repoussée à bossages, est reliée au pied, de forme longue et droite, par des ornements découpés à jour. Son couvercle, surmonté d'une figurine de guerrier debout, est séparé du vase par une frise gravée à fleurs et oiseaux. Travail allemand en partie du XVI° siècle.

Haut., 45 cent.

349 — Petite coupe ronde en argent doré, repoussé à bossages et à lobes, sur piédouche à balustre. Elle offre à l'intérieur un écusson

COLLECTION SEILLIÈRE.

N° 546

N° 283

N° 284

N° 545

COLLECTION SEILLIERE

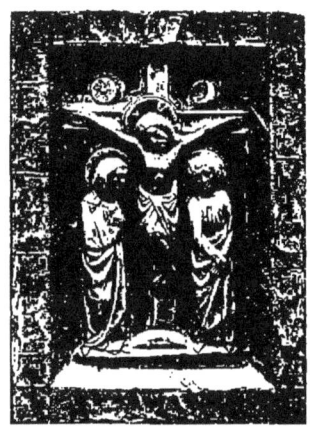

N° 342

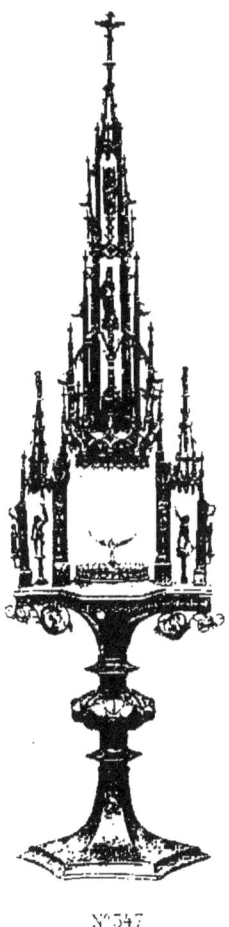

N° 347

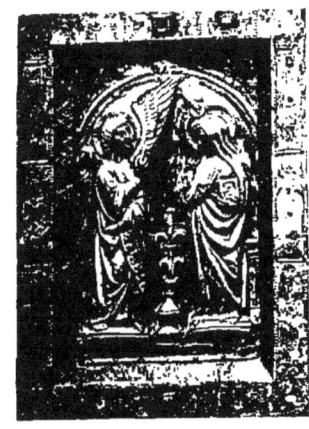

N° 344

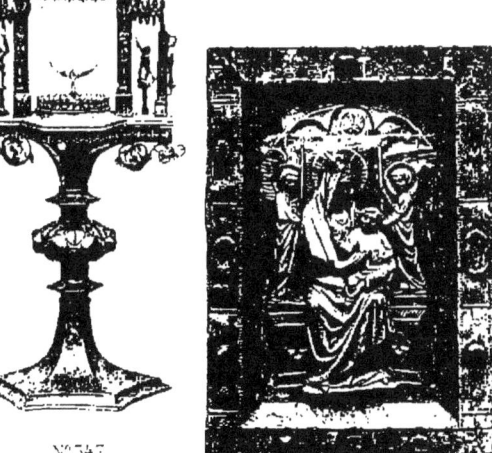

N° 341

N° 343

d'armoiries en émaux de basse taille sur argent. Travail allemand du xvi⁰ siècle.

Haut., 13 cent., diam., 14 cent.

350 — CALICE sur pied lobé et à redents, avec nœud sphérique surbaissé en cuivre repoussé, gravé et doré : le nœud présente six médaillons, dont cinq offrent de saints personnages en émail translucide sur argent; le reste du pied est orné d'émaux champlevés à fleurettes et d'une inscription également émaillée. La coupe, en argent, est dorée à l'intérieur. Travail espagnol du xv⁰ siècle.

Haut., 22 cent.

351 — TRÈS GRAND VIDRECOME à couvercle en argent repoussé et doré. Sa coupe, repoussée à lobes et à guirlandes de laurier, repose sur un pied très élevé, à nœud et à fleurs et feuillages repoussés. Son couvercle est surmonté d'une figurine tenant une lance. Les chiffres du Christ et de la Vierge sont gravés sur la coupe et son couvercle. Ouvrage allemand du xvii⁰ siècle.

Haut., 60 cent.

352 — VIDRECOME en argent repoussé et doré en partie. Il offre au pourtour une riche composition représentant le Triomphe de David, vainqueur de Goliath. Son couvercle est orné d'un médaillon représentant une figure de guerrier debout, et son anse est formée d'une cariatide de femme. Ce vase repose sur trois grenades. Ouvrage allemand du xvii⁰ siècle.

Haut., 20 cent.

353 — COUPE ronde couverte, à deux petites anses, en vermeil repoussé; sur le couvercle, médaillons, emblèmes et groupes de fruits et feuillages. Elle repose sur trois boules et présente dans son pourtour le sujet du Christ et la Samaritaine, et le sujet correspondant de l'Ancien Testament, Rébecca et Éliezer.

Diam., 23 cent. 1/2.

354 — HANAP ET SON BASSIN en argent doré en partie, enrichis de moulures à godrons et ornements ciselés. Le goulot du hanap est orné d'un mascaron, et son anse est formée d'enroulements. Orfèvrerie allemande du xvii⁰ siècle.

Hauteur du hanap, 22 cent.
Diamètre du plat, 48 cent.

355 — Plateau ovale en argent repoussé et doré, décoré au bord d'une large frise représentant le Triomphe de Neptune et d'Amphitrite. Le pourtour de son ombilic offre divers animaux marins se jouant dans les flots. Travail du xviie siècle.

Long., 50 cent.; larg., 38 cent.

356 — Grand plat rond, à ombilic, en argent ciselé et doré. Branches de vigne entrelacées au bord ; armoiries de cardinal au centre de l'ombilic, et six crabes autour de l'ombilic reliés entre eux par des festons d'ornements. Travail italien du xvie siècle.

Diam., 49 cent.

357 — Écuelle et son plateau en vermeil, décorés de fleurs de lis, découpées et brunies, rapportées sur un fond sablé. Les anses de l'écuelle sont formées d'ornements découpés à jour et l'anneau du couvercle d'un serpent enroulé. L'ombilic du plateau porte une armoirie gravée en creux. Travail allemand du xviie siècle.

Diamètre du plateau, 25 cent.
Diamètre de l'écuelle, 14 cent.

358 — Hanap couvert et son bassin ovale en argent et vermeil repoussé, à dauphins et ornements. xviie siècle.

Grand diamètre du plat, 53 cent.
Hauteur du hanap, 25 cent.

359 — Grande et belle vasque ovale en argent repoussé, à feuillages, guirlandes de fleurs et à anses mufles de lion, garnies d'anneaux. Elle porte des armoiries gravées, qui ont été rapportées. Travail anglais du temps de Louis XV.

Haut., 25 cent.; long., 60 cent.; larg., 50 cent.

360 — Vasque analogue à celle qui précède, mais de travail postérieur.

361 — Coupe ronde en argent repoussé, à figures d'animaux et encadrements à torsades. Travail oriental.

Diam., 27 cent.

362 — Deux flambeaux en argent, à tige carrée et cannelée et à base large de même forme, et enrichie d'une doucine repoussée, à cariatides de génies ailés, mascarons et vases. Époque Louis XIII.

Haut., 18 cent.

ORFÈVRERIE

363 — Deux flambeaux du temps de Louis XIV en argent, à base circulaire, godrons et quatre mascarons têtes de femmes.

Haut., 23 cent.

364 — Deux flambeaux du temps de Louis XIV, en argent très finement ciselé, à bustes et ornements; le balustre est à quatre faces et à angles coupés.

Haut., 22 cent.

365 — Deux flambeaux en argent du temps de la Régence, à tige à trois faces et angles coupés, et base à cannelures en spirale et oves.

Haut., 25 cent.

366 — Deux flambeaux du temps de la Régence, en argent ciselé, à tige à quatre faces et angles coupés, et base cannelée en spirale, avec coquilles, oves, et ornements ciselés.

Haut., 24 cent. 1/2.

367 — Deux flambeaux du temps de la Régence, en argent très finement ciselé, à coquilles, lambrequins et ornements.

Haut., 24 cent.

368 — Deux flambeaux du temps de Louis XV, en argent, à base contournée et tige à balustre triangulaire, décorés dans toutes leurs parties de rocailles, de fleurs et d'ornements variés.

Haut., 25 cent.

369 — Deux beaux flambeaux du temps de Louis XV, en argent, enrichis d'ornements rocaille finement ciselés et à tige à huit pans cintrés dont quatre ornés et quatre unis. La base est enrichie d'agrafes en relief.

Haut., 25 cent.

370 — Deux flambeaux du temps de Louis XV, en argent, à pied cannelé orné d'un médaillon, destiné à recevoir un chiffre, et à tige à côtes et ornements ciselés.

Haut., 28 cent.

371 — Deux flambeaux du temps de Louis XV, en argent, à tige en forme de balustre, à branches de laurier et ornements ciselés en relief et pied cannelé.

Haut., 26 cent.

372 — Deux grands et superbes flambeaux en argent finement ciselé, à ornements rocaille et branches de chêne. Beau travail français du temps de Louis XV.

Haut., 29 cent.

373 — Deux flambeaux du temps de Louis XV, en argent ciselé, à tige triangulaire et base à cannelures en spirale, avec oves au bord inférieur.

Haut., 25 cent.

PORCELAINES DE SÈVRES

374 — Beau vase de forme ovoïde, en ancienne porcelaine de Sèvres, pâte tendre, fond vert pomme, à médaillons décorés en grisaille, représentant l'un, le buste de Louis XV, et l'autre, un trophée d'armes. Les anses sont formées de branches de laurier venant s'enrouler autour de la gorge et dont les extrémités viennent former encadrement aux médaillons qui précèdent. Le couvercle cannelé est surmonté d'une pomme de pin. Époque Louis XV. Collection Demidoff.

Hauteur sans le pied en bronze doré, 41 cent.

375 — Deux petits vases à couvercle en forme de coquille, en ancienne porcelaine de Sèvres, pâte tendre, émaillés bleu turquoise uni. Ils sont garnis de galeries découpées à jour en bronze doré. Époque Louis XV.

Haut., 13 cent.; larg., 16 cent.

376 — Seau en ancienne porcelaine de Sèvres, pâte tendre, fond bleu turquoise à œils de perdrix et médaillons d'amours dans des paysages dans le style de Boucher. Il est enrichi de festons de laurier se détachant en couleurs sur fond blanc. Les anses sont formées de feuilles et d'enroulements. Époque Louis XV.

Haut., 17 cent.; larg., 20 cent.

377 — Deux seaux à deux anses, provenant du même service.

Haut., 18 cent.; larg., 26 cent.

378 — Deux seaux de même porcelaine et provenant du même service que ceux qui précèdent, mais sans anses.

Haut., 16 cent.; larg., 26 cent.; diam., 22 cent.

COLLECTION SEILLIÈRE

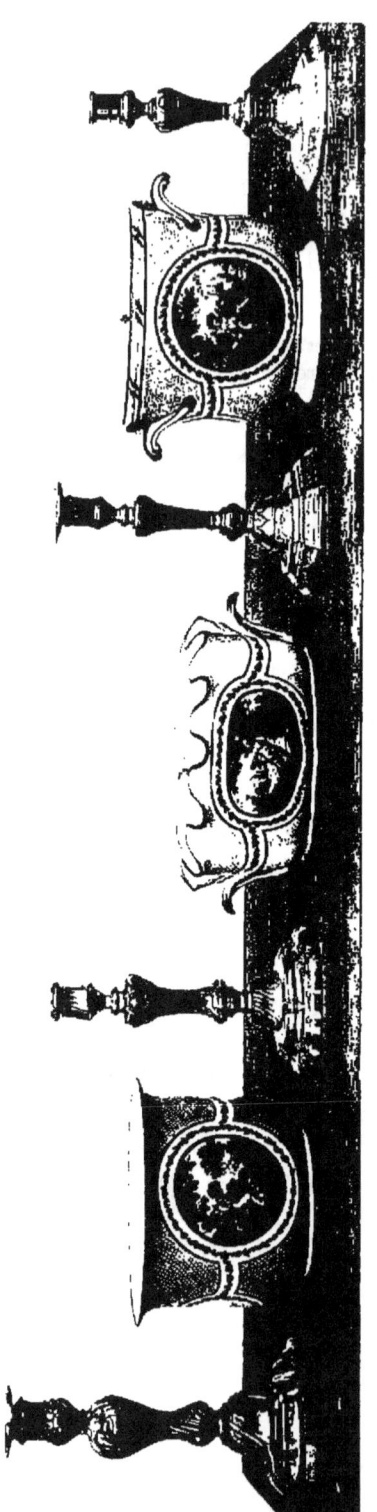

379 — Deux verrières provenant également du même service.

Haut., 12 cent.; larg., 32 cent.

380 — Cabaret en ancienne porcelaine de Sèvres, pâte tendre, fond gros bleu et larges bandes d'ornements d'or et d'émaux saillants en relief, imitant les pierres précieuses. Il se compose d'une théière, une chocolatière, un pot à lait, un sucrier, un bol et six tasses cylindriques avec soucoupes. Époque Louis XVI. Marque du doreur Le Gay, les émaux vraisemblablement de Coteau.

381 — Petite tasse cylindrique à une anse avec soucoupe, en ancienne porcelaine de Sèvres, pâte tendre, fond bleu turquoise rehaussé de rinceaux dorés, et enrichie de médaillons bustes et sujets allégoriques en grisaille sur fond brun. Elle offre, de plus, des couronnes de roses en couleurs et des ornements dorés ; la soucoupe présente, à son centre, le chiffre de la grande Catherine de Russie, exécuté à l'aide de fleurs, surmonté de la couronne impériale et encadré de branches de laurier et de chêne.

382 — Tasse de forme droite et sa soucoupe en ancienne porcelaine de Sèvres, fond bleu de roi et décor d'or, représentant l'ivresse de Silène, des figures d'enfants, des ornements et des mascarons. Lettres GG : 1783.

383 — Tasse de forme droite et sa soucoupe en ancienne porcelaine de Sèvres, pâte tendre, décorée de rosaces en or sur fond gros bleu et de guirlandes de fleurs en couleurs. Lettres CC : 1779.

384 — Tasse et soucoupe en vieux Sèvres, pâte tendre, fond bleu turquoise à œils de perdrix, médaillons de fleurs et lauriers dorés. Époque Louis XVI.

385 — Grande tasse couverte à deux anses en ancienne porcelaine de Sèvres, pâte tendre, décorée de roses sur fond pointillé d'or, avec entredeux à rosaces. Lettre O : 1766. La soucoupe est en pâte dure.

386 — Grande soucoupe en ancienne porcelaine de Sèvres, pâte tendre, fond bleu turquoise à œils de perdrix. Au centre, trophée d'armes en grisaille ; au pourtour, médaillons ovales à fond brun sur lequel se détachent des bustes de femmes de profil et peints en grisaille. Ces médaillons sont reliés entre eux et encadrés de festons de chêne en

dorure, retenus par des rubans de roses auxquels sont également suspendues des couronnes de laurier en couleurs. Lettre Q : 1768.

Diam., 18 cent. 1/2.

387 — Petit vase formé d'une tasse (dont l'anse a été coupée) en ancienne porcelaine de Sèvres, pâte tendre, à côtes décorées de bandes bleues alternant avec des feuillages. Monture à anses à têtes de femmes et socle à quatre pieds en bronze doré.

Haut., 15 cent.

388 — Deux tasses de forme droite en ancienne porcelaine de Sèvres, pâte tendre, du temps de la République, fond gros bleu et festons de fleurs émaillées en couleurs sur fond jaune.

PORCELAINES DE SAXE
ET AUTRES

389 — Deux groupes en ancienne porcelaine de Saxe, composés chacun d'un geai monté sur un tronc de chêne. L'un de ces derniers est enrichi d'un écureuil et l'autre d'un nid d'oiseaux, le tout décoré au naturel. Ces groupes sont montés sur des socles en bronze doré composés d'ornements de style rocaille. Époque Louis XV.

Haut., 46 cent.

390 — Vingt-quatre assiettes en ancienne porcelaine de Saxe-Marcolini, décorées de fruits avec marli gaufré à vannerie.

391 — Deux pots cylindriques à anses formées de dragons, en ancienne porcelaine de Chantilly, pâte tendre, décorés de fleurs et animaux polychromes de style japonais. Base et col garnis de montures de cuivre doré.

Haut., 15 cent.; larg., 16 cent.

PORCELAINES DE CHINE

392 — Deux vases modèle balustre et à gorge, en ancienne porcelaine flambée de la Chine, émaillés rouge jaspé et violet. Leur monture du

COLLECTION SEILLIÈRE

N° 553   N° 554   N° 555   N° 556   N° 557

temps de Louis XVI, en bronze doré, se compose d'un socle ciselé à feuilles, d'une gorge à oves et de deux anses à volutes, garnies de guirlandes de chêne.

Haut., 54 cent.

393 — Belle coupe ronde et creuse en ancienne porcelaine de Chine, décorée de fleurs en couleurs sur fond blanc. La monture, qui date du temps de Louis XVI, est en bronze très finement ciselé et doré, et se compose d'un socle à quatre pieds de lion et à feuilles, avec culot garni d'une graine au centre, de deux anses à larges feuilles et enroulements garnis d'anneaux et d'une gorge à ornements découpés à jour.

Haut., 43 cent.; diam., 35 cent.

394 — Deux grands vases en forme de balustre en ancienne porcelaine de Chine, fond bleu fouetté, à médaillons de fleurs et paysages de diverses formes en camaïeu bleu. Ils sont garnis de riches montures à anses en bronze ciselé et doré, qui datent du temps de Louis XVI.

Haut., 76 cent.

395 — Bougeoir formé d'une soucoupe en porcelaine de Chine, décorée de dragons émaillés vert et richement montée à poignée élevée et guirlande de laurier en bronze doré. Époque Louis XVI.

Haut., 24 cent.; diam., 16 cent.

396 — Deux vases en forme de bouteille, à panse sphérique et goulot long très étroit, en ancien céladon vert d'eau à fleurs gaufrées sous émail.

Haut., 45 cent.

397 — Deux vases pareils à ceux qui précèdent.

Haut., 44 cent.

398 — Deux oiseaux sur rochers, en ancien grès émaillé rouge de la Chine, avec moulure en cuivre à la base.

Haut., 24 cent.

399 — Deux lapins en ancienne porcelaine de Chine, décorés de rosaces variées de dessin et de couleurs et reposant sur des troncs d'arbres décorés au naturel.

Haut., 34 cent.

400 — Grand et beau plat rond en ancienne porcelaine de Chine, à sujet

de personnages, décoré en émaux de la famille rose et représentant un départ de cavaliers pour la promenade. Le bord est décoré de fleurs et d'ornements.

Diam., 54 cent.

401 — DEUX PETITS PLATS en ancienne porcelaine de Chine, décorés en couleurs et offrant à leur centre des canards se jouant dans les flots et des plantes aquatiques. Leur bord présente des figures de la mythologie chinoise marchant sur les flots.

Diam., 35 et 31 cent.

402 à 404 — SIX PLATS en ancienne porcelaine de Chine, décorés en émaux de la famille rose de fleurs et de vases de fleurs.

Diam., 35 cent.

405 à 407 — SIX PLATS en ancienne porcelaine de Chine, décorés d'oiseaux et de fleurs en émaux de la famille rose. Décors et dimensions variés.

408 — DEUX PETITS BASSINS ronds en ancienne porcelaine de Chine, décorés de figures, de fleurs et d'ornements en émaux de la famille rose.

Diam., 39 cent.

409-410 — CINQ ASSIETTES OU PETITS PLATS en ancienne porcelaine de Chine, décorés de figures, de fleurs et d'ornements émaillés en couleurs, en deux dessins.

411 — PLAT rond en ancienne porcelaine de Chine, famille rose, à décor de canards et personnages au marli.

Diam., 35 cent.

412 — PLAT rond en ancienne porcelaine de Chine, famille rose, à décor de paons et branches fleuries.

Diam., 35 cent.

413 — DEUX PLATS creux en ancienne porcelaine de Chine, famille rose, à personnages et fong-hoang.

Diam., 39 cent.

414 — PLAT rond en ancienne porcelaine de Chine, famille rose, à décor de fleurs et oiseaux.

Diam., 40 cent.

PORCELAINES DU JAPON.

415 — DEUX GROSSES POTICHES en ancienne porcelaine du Japon, à décors de fleurs, oiseaux et ornements en bleu, rouge et or, avec encadrements de noir. Les couvercles sont surmontés de chimères.
Haut., 85 cent.

416 — GRAND CORNET des mêmes porcelaine et décor que les potiches qui précèdent.
Haut., 59 cent.

417 — GRAND ET BEAU CORNET en ancienne porcelaine du Japon, à décor de fleurs et ornements en bleu, rouge et or.
Haut., 69 cent.

418 — GRAND PLAT en porcelaine du Japon, à décor d'arbustes et d'oiseaux en bleu et or sur fond blanc et riches rinceaux en or sur fond gros bleu.
Diam., 54 cent.

419 — PLAT rond en ancienne porcelaine du Japon, décoré, au centre, de poissons se jouant dans les flots, et, au bord, de compartiments renfermant des fleurs et des oiseaux, le tout en gros bleu, rouge et or.
Diam., 54 cent.

420 à 422 — TROIS GRANDS ET BEAUX PLATS ronds en ancienne porcelaine du Japon, décorés de vases de fleurs au centre, et présentant au marli des compartiments irréguliers offrant des figures de femmes et des rinceaux à fleurs. Le tout décoré en gros bleu, rouge, or et rehauts de noir dans les coiffures des personnages.
Diam., 54 cent.

423 — POT A TABAC de forme ovoïde en ancienne porcelaine du Japon, à décor en camaïeu bleu à attributs et fleurs.
Haut., 28 cent.

424-425 — QUATRE PLATS creux en ancienne porcelaine du Japon, décorés en bleu de médaillons et de compartiments radiés à figures et ornements.
Diam., 48 cent.

426 — GRAND PLAT creux en ancienne porcelaine du Japon, décoré en bleu d'un buisson fleuri et d'une bordure quadrillée et dentelée.

Diam., 48 cent.

427 — PLAT creux à bord lobé, en ancienne porcelaine du Japon, décoré en bleu d'un médaillon rond contenant un oiseau et des plantes en fleurs, et entouré de huit divisions rayonnantes décorées d'arbustes.

Diam., 48 cent.

BRONZES D'ART

428 — PETIT CHANDELIER à broche, formé d'un oiseau fantastique en bronze, dont la queue, se terminant en rinceaux à jour, sert de support à une fleur faisant l'office de plateau. Travail allemand du XIIe siècle.

Haut., 18 cent.

429 — FONTS BAPTISMAUX en bronze, de forme circulaire, supportés par quatre figures d'anges debout, tenant des écussons armoriés et offrant au pourtour, sous une arcature flamboyante, treize figures de saints et apôtres debout, en bas-relief, ainsi que la scène de la Crucifixion avec la Vierge et saint Jean ; au-dessus de chaque apôtre, son nom en caractères romains. En haut et en bas, zone de noms de saintes et dédicace en vieil allemand, en caractères gothiques, ainsi que la date de 1483 en chiffres romains. Travail allemand.

Haut., 1 m. 2 cent.; diam., 92 cent.

430 — FIGURINE de femme nue assise sur une draperie, la jambe gauche croisée sur la droite et retenue par la main gauche. Elle prend de la main droite un linge placé dans une coupe posée près d'elle. Bronze italien du XVIe siècle. Base à moulures en bronze doré.

Haut., 18 cent.

431 — URNE couverte de style antique, en bronze, sur piédouche, à anses têtes barbues et à double couronne de feuilles de laurier et de chêne en relief. Le culot est orné de feuilles d'acanthe et de feuilles

COLLECTION SEILLIERE

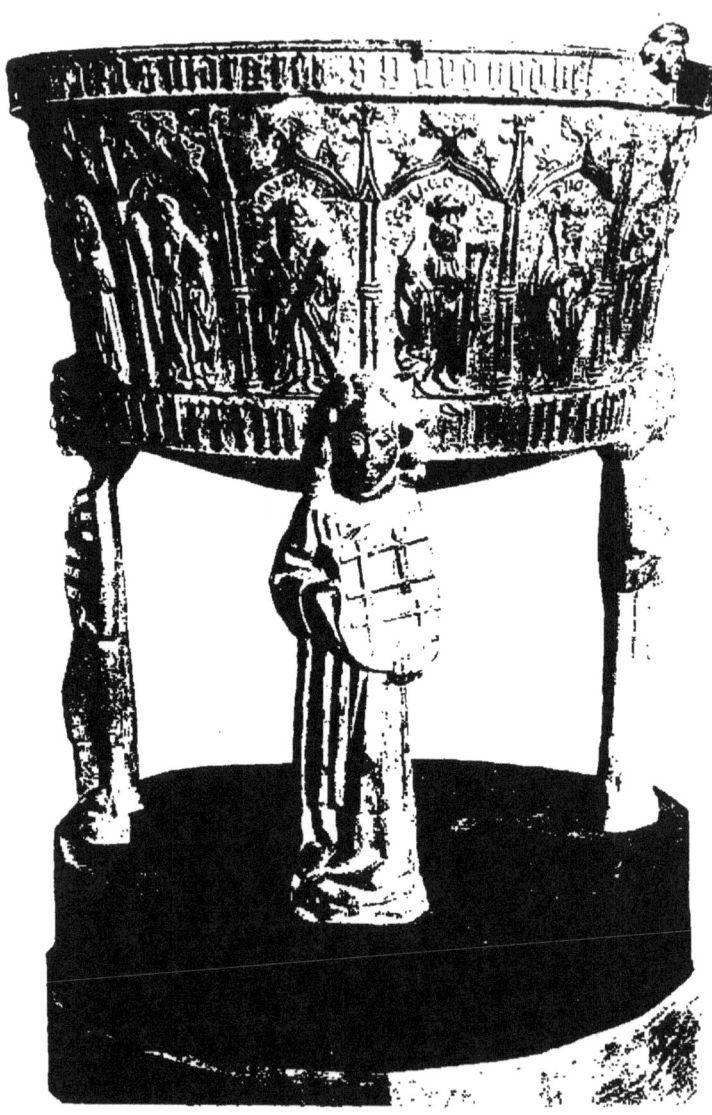

N° 429

d'eau. Patine brune. Elle porte l'inscription *Q. Metellus M*. Italie.
xvi⁰ siècle.

Haut., 39 cent.

432 — BEAU VASE à panse ovoïde garnie de quatre têtes de cerf en haut-relief, reliées entre elles par des draperies, et à culot orné de feuilles d'acanthe. Piédouche à gorge. Bronze du xvi⁰ siècle, patine très foncée.

Haut., 49 cent.

433 — FIGURINE d'Hercule jeune, debout et nu, s'appuyant sur sa massue, la main sur la hanche. Bronze italien du commencement du xvi⁰ siècle.

Haut., 33 cent.

434 — FIGURINE de Vénus nue et diadémée, agenouillée et paraissant se tirer une épine du pied. Bronze italien du xvi⁰ siècle sur plinthe en albâtre veinée.

Haut., 25 cent.; larg., 22 cent.

435 — BEAU GROUPE en bronze fondu à cire perdue, patine brune : Pieta : le Christ mort est couché sur les genoux de sa mère assise, vêtue de long et la tête couverte d'un voile. Ce groupe rappelle la Pieta de Michel-Ange qui est placée aujourd'hui dans la cathédrale de Saint-Pierre, à Rome. Italie. xvi⁰ siècle.

Haut., 39 cent.

436 — FIGURINE de bacchant jeune, debout et nu ; il tient une patère de la main gauche et une grappe de raisin de la main droite surélevée. Bronze italien de la fin du xvi⁰ siècle, de style antique. Socle cubique en marbre sarancolin.

Haut., 42 cent.

437 — FIGURINE de baigneuse debout, sortant de l'onde ; elle a la jambe gauche appuyée sur un petit piédestal et retient de la main droite une draperie qui couvre une partie de ses jambes ; de la main gauche, elle s'essuie le sein. Bronze italien du xvi⁰ siècle.

Haut., 35 cent.

438 — STATUETTE de faune nu, debout, jouant des cymbales. Bronze italien du xvi⁰ siècle, d'après l'antique. Socle en marbre noir.

Haut., 32 cent.

439 — FIGURINE de jeune femme nue, le pied gauche posé sur une urne

et tenant des draperies de ses deux mains. Bronze italien très fin du xvie siècle. Socle carré en porphyre du Christ avec moulures en bronze doré.

Hauteur de la figurine, 13 cent.

440-441 — DEUX FIGURINES d'anges debout et drapés, tenant chacun une corne d'abondance destinée à supporter des candélabres. Socle à mascarons et guirlandes de fleurs. Bronze italien de la fin du xvie siècle.

Haut., 40 cent.

442 — FIGURE d'homme nu et couché s'appuyant sur une urne d'où s'échappe de l'eau, et tenant de la main droite une corne d'abondance. Bronze italien du xvie siècle, sur socle à moulures en bois d'ébène.

Hauteur de la figurine, 18 cent.; larg., 20 cent.

443 — STATUETTE de jeune femme nue, assise sur un socle couvert en partie par une draperie; sa tête, tournée vers la gauche, est couronnée de lauriers. Sa jambe gauche est passée derrière la droite et elle tient de la main gauche divers instruments de mathématiques. Beau bronze italien de la fin du xvie siècle. Belle patine claire.

Haut., 39 cent.

444 — CARIATIDE d'enfant se terminant en gaine carrée à volutes et draperies. Bronze italien du xvie siècle.

Haut., 18 cent.

445 — CHARMANT PETIT BUSTE d'enfant souriant. Bronze italien du xvie siècle, muni d'une belle patine brun verdâtre. Draperie dorée.

Haut., 32 cent.

446 — TRÈS BEAU BUSTE en bronze, grandeur nature, d'homme barbu, nutête, en riche costume vénitien du xvie siècle. Le pied porte les noms *Antonius Gallus*. Patine noire. Travail vénitien du xvie siècle.

Haut., 60 cent.

447 — BUSTE en bronze, grandeur nature : Tête de femme diadémée, les cheveux ondulés, les épaules couvertes d'une draperie. Patine noire. Travail italien du xvie siècle, d'après l'antique. Piédouche en marbre veiné verdâtre.

Haut., 53 cent.

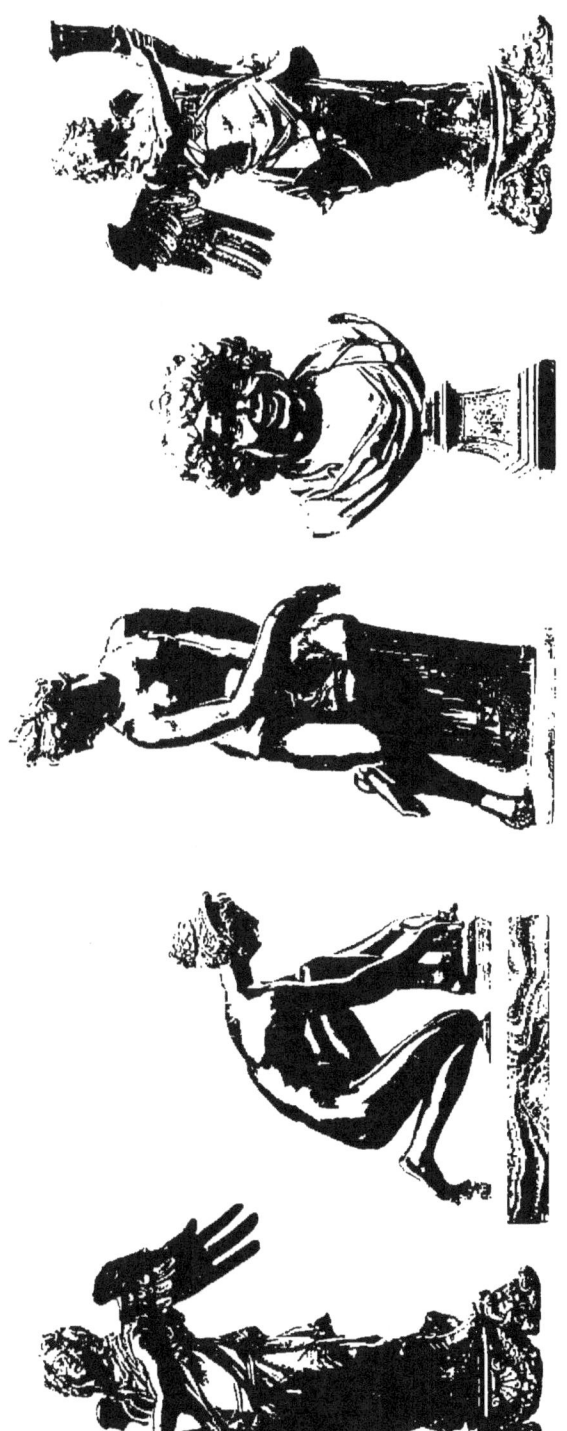

COLLECTION SEILLIERE

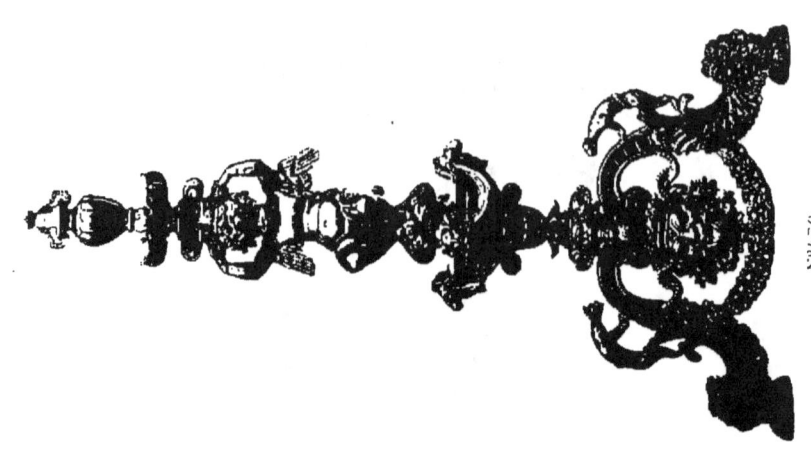
N° 439

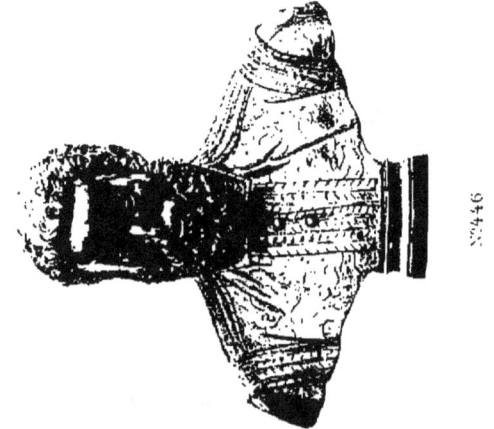
N° 446

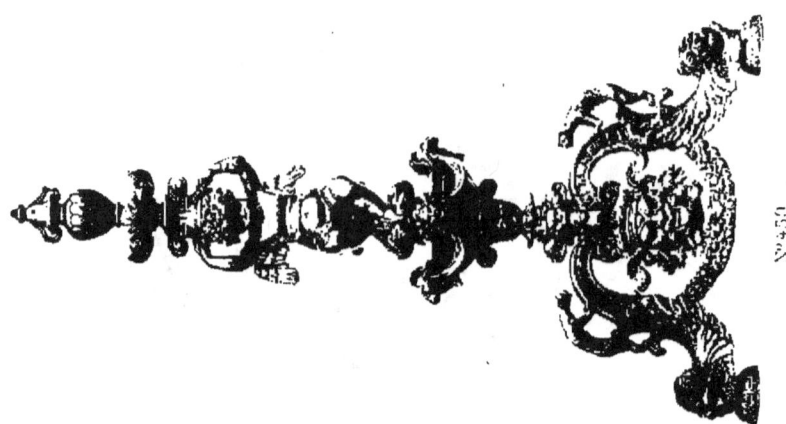
N° 450

COLLECTION SEILLIÈRE

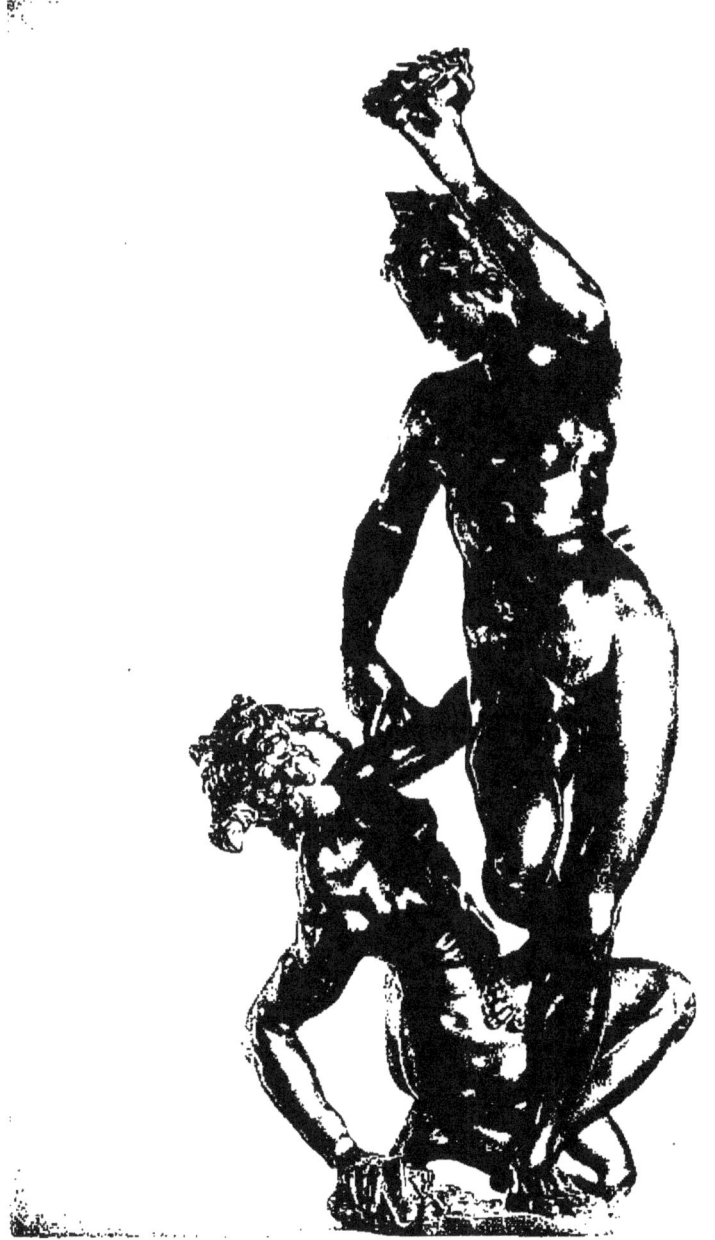

448 — Buste d'empereur romain, grandeur nature, la tête tournée vers la droite. Beau bronze italien du XVIe siècle, avec chlamyde en marbre blanc sculpté.

Haut., 75 cent.

449 — Bas-relief sans fond : Buste du roi Henri II, tête laurée de profil et tournée vers la droite. Il porte une riche armure, avec collerette tuyautée et l'ordre de Saint-Michel. Bronze français de l'époque, conservant en certaines parties des traces de dorure. Il est appliqué sur un fond de marbre griotte avec cadre à moulures en marbre bleu turquin.

Hauteur du cadre, 63 cent.; larg., 48 cent.

450 — Petit buste de souverain, tête nue, portant une cuirasse fleurdelisée avec écharpe et collerette tuyautée. Bronze florentin du XVIe siècle, muni d'une belle patine. Socle cubique en marbre sarancolin.

Haut., 19 cent.

451 — Statuette de Mercure nu et debout, coiffé du pétase; il tient une trompette de renommée de son bras surélevé et à ses pieds est une figurine d'amour assis; il repose sur une base simulant des nuées avec trois mascarons d'enfants souffleurs. Bronze à patine brune du XVIIe siècle.

Haut., 83 cent.

452 — Beau groupe allégorique de deux figures : la Gloire terrassant le Vice. La Gloire sous les traits d'une femme nue, debout, couronnée de lauriers et tenant une couronne du bras gauche surélevé, maintient du bras droit le Vice figuré par une femme nue, à oreilles d'âne, renversée, qui s'appuie sur un sac d'où s'échappent des pièces de monnaie. Ce beau bronze porte la signature de *Adrianus Friess*, 1610.

Haut., 76 cent.

453 — Deux magnifiques bronzes du temps de Louis XIV, d'après l'antique : le Tibre et le Nil figurés par des figures d'hommes couchés entourés d'attributs divers. Bronze français; belle patine brune. Socle à gorge en bois richement garni de consoles et d'ornements en bronze doré.

Hauteur totale, 33 cent.
Longueur du socle, 66 cent.; larg., 42 cent.

454-455 — Quatre figures d'esclaves nus, assis dans diverses attitudes. Bronzes français du temps de Louis XIV.

Haut., 50 cent.

456 — Petite statuette. Baigneuse debout, en bronze du temps de Louis XIV, sur socle en marqueterie de cuivre et écaille rouge.

Hauteur sans le socle, 11 cent. 1/2.

457 — Groupe : Jeune Fille nue assise sur un rocher; une chèvre qu'elle retient par un ruban se désaltère à ses pieds. Bronze muni d'une belle patine noire, attribué à Cumberworth.

Haut., 56 cent.

458 — Deux grands et beaux chenets italiens du xvi° siècle, en bronze. Ils se composent de socles formés de deux dragons ailés accolés avec mascarons vus de face et formant entredeux. Au-dessus, un motif d'ornement sert de base à un vase dont la gorge est flanquée de trois cariatides de génies ailés et dont la panse est ornée de trois figurines d'amours assis. Ils se terminent, à leur partie supérieure, par les figures de Mars et Vénus debout.

Haut., 1 m. 20 cent.

459 — Deux autres grands chenets des mêmes travail et époque. Leurs socles sont ornés de rinceaux, de mascarons, de guirlandes de fruits et d'animaux. Au-dessus, un vase de forme ovale, orné de têtes de béliers, de mascarons et de draperies, est surmonté d'un fleuron, sur lequel un génie ailé, nu et assis, tient de ses deux mains surélevées un motif d'ornement qui sert de base à un petit vase, qui termine l'ornementation de ces deux pièces.

Haut., 1 m. 12 cent.

460 — Très joli marteau de porte formé par le torse d'un guerrier, se terminant en riches enroulements à feuilles remontant au-dessus de la tête et reliés entre eux par un écusson d'armoiries; l'attache est formée par un mascaron. Bronze florentin du xvi° siècle.

Haut., 34 cent.; larg., 24 cent.

461 — Autre joli marteau de porte formé par une sirène ailée, dont la queue enroulée lui sert d'attache; elle tient dans ses griffes un écusson d'armoiries. Bronze italien du xvi° siècle.

Haut., 25 cent.

COLLECTION SEILLIÈRE

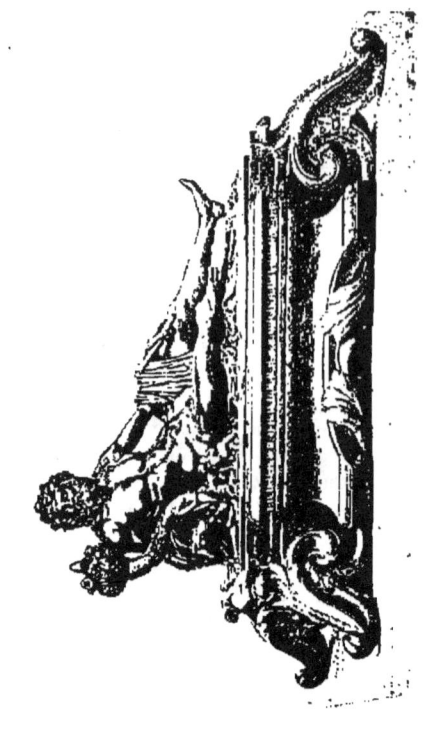

N° 455.

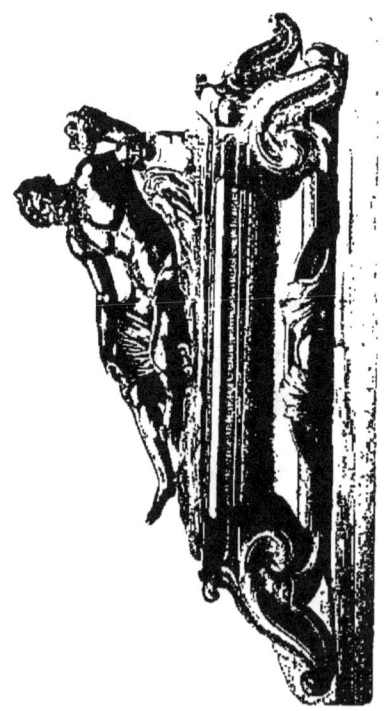

N° 454.

462 — MARTEAU DE PORTE formé par une figure de Neptune nu et debout, placée entre deux chevaux marins ailés, dont les corps se terminent par des enroulements à feuilles d'acanthe et queues de poissons. La poignée est formée par une coquille et le marteau est accompagné de ses accessoires, c'est-à-dire d'une rosace et d'un mascaron. Bronze italien du XVIe siècle.

Haut., 38 cent.; larg., 30 cent.

463 — PETIT MARTEAU DE PORTE composé de deux dauphins tenant dans leur gueule un mascaron de femme et présentant à son centre une cariatide d'enfant. Bronze italien du XVIe siècle, patine brune.

Haut., 26 cent.; larg., 21 cent.

464 — AUTRE MARTEAU DE PORTE composé de deux enfants tritons se terminant en queues de poissons. Bronze italien du XVIe siècle. Patine brune.

Haut., 22 cent.

465 — STATUETTE de dieu Pan debout, en bronze doré. Travail italien du XVIe siècle. Il a été transformé postérieurement en flambeau.

Hauteur de la statuette, 19 cent.

466 — PETIT MORTIER dont le pourtour offre en relief des cariatides de femmes séparées par trois fleurs de lis. Bronze italien du XVIe siècle.

Haut., 7 cent. 1/2 ; diam., 10 cent. 1/2.

467-468 — QUATRE FLAMBEAUX en bronze, par paires, formés de vases et balustres superposés, reposant sur un socle triangulaire dont les angles sont ornés de cariatides ailées à griffes de lion ; dans les entre-deux des angles, sont des écussons armoriés et chiffrés ; la tige est ornée de feuilles et de draperies reliant des têtes de chérubins. On lit sur chacun d'eux : *Del M Misier Pietro Rotta et Compagni 1567 soto il Guadianado.* Bronze italien du XVIe siècle, patine brune.

Haut., 42 cent.

469 — DEUX GRANDS ET BEAUX FLAMBEAUX dans le style du XVIe siècle, formés de cariatides d'hommes barbus à têtes laurées et portant la cuirasse, se terminant en gaine et reposant sur de larges plateaux ronds, enrichis d'entrelacs et trophées gravés, et portant les armes des Médicis. La douille, formée d'un vase, repose sur la tête du personnage. Bronze rehaussé de parties argentées.

Haut., 34 cent.

470 — Boite en forme de crabe. Bronze italien du xvi° siècle.

Larg., 18 cent.

471 — Petit vase sur piédouche large et à bord évasé, couvert de mascarons, feuilles et anges. Bronze italien du xvi° siècle.

Haut., 9 cent.

CUIVRES

472 — Aquamanile en cuivre jaune, en forme de lion passant; un dragon qui relie sa queue à sa tête lui tient lieu d'anse et son goulot est formé d'une tête d'animal fantastique sortant de son poitrail. Travail allemand du xiv° siècle.

Haut., 34 cent.; larg., 40 cent.

473 — Plat rond à ombilic en cuivre gravé à feuilles et ornements. Sur l'ombilic, cartouche supporté par deux grotesques. Autour de l'ombilic se déroule une composition de quantité de tritons, naïades, etc., se jouant dans les flots. Ce sujet est très finement gravé au trait. Travail vénitien du xvi° siècle.

Diam., 45 cent.

474 — Grand plat rond en cuivre, entièrement couvert d'un riche décor d'ornements de style oriental finement gravés. Travail vénitien du xvi° siècle.

Diam., 50 cent.

475 — Plat rond et creux en cuivre jaune, entièrement couvert d'ornements de style oriental et enrichi de filets incrustés en argent. Il porte au centre une armoirie et les lettres H. P. Très beau travail vénitien du xvi° siècle.

Diam., 45 cent.

476 — Plat rond et creux en cuivre jaune gravé à ornements et médaillons de paysages avec figures. Au centre, écusson armorié. Cette pièce est accompagnée de son aiguière de même travail. Travail vénitien. xvi° siècle.

Diam., 40 cent.

477 à 479 — Six plats de diverses dimensions en cuivre jaune et repoussé

à godrons en spirale et ornements variés. Ouvrage allemand des xv⁰ et xvi⁰ siècles.

Diam., de 30 à 60 cent.

480 — AIGUIÈRE en cuivre jaune à panse ovoïde unie et goulot orné d'un mascaron. Travail allemand de la fin du xvi⁰ siècle.

Haut., 32 cent.

481 — GRAND BASSIN ovale en cuivre poli, à anse formée de rinceaux et à pieds de lion. Travail italien de la fin du xvi⁰ siècle.

Haut., 28 cent.; long., 1 m. 10 cent.; larg., 55 cent.

482 — FONTAINE en forme de vase en cuivre poli, à panse ovoïde, munie d'un goulot à tête de dragon et à anse surélevée et couvercle. Travail italien de la fin du xvi⁰ siècle.

Haut., 56 cent.

483 — DEUX FLAMBEAUX balustres à large base et plateau en cuivre, entièrement couverts d'ornements finement gravés dans le style oriental et enrichis de filets d'argent incrustés. Travail vénitien du xvi⁰ siècle.

Haut., 23 cent.

484 — DEUX FLAMBEAUX en cuivre jaune, formés de colonnes à godrons saillants, sur socles carrés à mascarons, à larges bases rondes.

Haut., 34 cent.

CUIVRES DE L'ORIENT

485 — GRAND FLAMBEAU persan à longue tige profilée, en cuivre gravé et incrusté d'argent. Il porte quantité d'inscriptions.

Haut., 50 cent.

486 — BASSIN rond de même travail.

Haut., 10 cent.; diam., 25 cent.

487 — SUPPORT de brasero de même travail.

Haut., 23 cent.; diam., 23 cent.

488 — FLAMBEAU de mosquée en bronze sur base circulaire, couvert de gravures à figures, arabesques et inscriptions.

Haut., 21 cent.

489 — Flambeau persan en cuivre gravé.

Haut., 24 cent.

490 — Petit vase à panse sphérique en cuivre gravé et incrusté d'argent. Travail persan.

Haut., 13 cent.

491 — Buire et son bassin carré, en métal incrusté d'argent. Travail persan.

BRONZES DE L'ORIENT

492 — Bronze. Grand brûle-parfums formé d'un groupe de trois chimères, une grosse et deux petites. Bronze chinois. Socle en bois sculpté.

Haut., 41 cent.; larg., 55 cent.

493 — Bronze. Brûle-parfums de forme oblongue, reposant sur quatre pieds à têtes chimériques et garni de deux anses mouvantes; son pourtour est décoré d'ornements en relief et les ouvertures de la partie supérieure ont été couvertes par trois miroirs métalliques portant des caractères en relief dont un de forme carrée et deux de forme ronde. Bronze chinois très ancien.

Haut., 22 cent.; long., 31 cent.; larg., 14 cent.

494 — Bronze. Brûle-parfums en forme de chimère assise. Bronze chinois très ancien.

Haut., 42 cent.

495 — Bronze. Brûle-parfums formé d'une chimère assise portant la patte sur une chimère plus petite. Bronze chinois avec taches d'or.

Haut., 30 cent.

496 — Bronze. Brûle-parfums de forme oblongue, enrichi d'ornements en relief, anses à dragons et couvercle découpé à jour, composé d'une chimère assise et de dragons se jouant dans les flots. Bronze chinois. Socle de même matière.

Haut., 33 cent.; larg., 28 cent.

HORLOGERIE

497 — PETITE HORLOGE horizontale et circulaire en cuivre gravé à ornements, et surmontée d'un réveil reposant sur trois consoles avec timbre. Le cadran de cette pièce offre les armes des Montmorency et elle porte au pourtour la devise plusieurs fois répétée : *Terror et Error Montmorency*. Sur le timbre se trouve une tête de mort en bronze doré. Travail de la fin du xvie siècle.

Haut., 17 cent.

498 — JOLIE PENDULE de forme dite religieuse, en marqueterie de trois parties, écaille, cuivre et étain, enrichie de colonnes détachées et garnie de bronze doré. Mouvement de Cormasson, à Paris. Elle repose sur un socle de suspension en marqueterie d'étain et d'écaille, à deux consoles et rosace au centre en bronze doré. Époque Louis XIV.

Haut., 1 mètre.

499 — PENDULE de forme droite avec son socle de suspension à consoles en marqueterie de cuivre et écaille de l'Inde, garnie de bronze doré. Elle est surmontée d'une figure de Renommée assise. Mouvement de Balthasar Martinot, à Paris.

Haut., 1 m. 45 cent.

500 — PENDULE du temps de Louis XIV, en marqueterie d'écaille et cuivre, richement garnie de bronze doré. Elle est surmontée d'une figure de Minerve assise et ses angles sont ornés de cariatides. Le cadran porte le buste de Louis XIV.

Haut., 43 cent.

501 — PENDULE de forme cintrée par le haut, en ébène à moulures et écaille incrustée de filets de cuivre. Elle est enrichie de consoles, de mascarons et de vases en bronze doré, et le cadran est supporté par une figure du Temps en bronze doré, assis sur un socle qui porte sur une plaque argentée l'inscription suivante : *Solem Audet Dicere Falsum*. Mouvement de Marguerite, à Paris. Époque Louis XIV.

Haut., 52 cent.; larg., 32 cent.

502 — PENDULE Louis XIV en marqueterie d'écaille et cuivre, garnie en

bronze, avec cariatides d'enfants et surmontée de quatre consoles et d'une figurine d'enfant.

Haut., 63 cent.

503 — GRAND ET TRÈS BEAU CARTEL en bronze doré du temps de la Régence. Il se compose de larges rinceaux donnant naissance à deux cariatides de femmes. A sa partie inférieure, un dragon semble vouloir saisir le pied d'un amour voltigeant au-dessus de lui. Il se termine à sa partie inférieure par un mascaron de femme entouré de dragons et par une figurine de l'Amour. Mouvement de Balthazar, à Paris. Modèle très rare.

Haut., 1 m. 15 cent.

504 — PETIT CARTEL en bronze ciselé et doré, de l'époque Louis XVI, modèle à feuillages et rinceaux, surmonté d'un vase où s'attachent des guirlandes de laurier retombant sur les côtés. Le revers est décoré de gravures.

Haut., 42 cent.

505 — BELLE PENDULE du temps de Louis XVI, en bronze doré, de forme monumentale à pilastres, surmontée d'un vase et enrichie de deux figures de femmes bronzées et assises, dont une joue de la mandoline et l'autre de la flûte. Elle repose sur un socle très riche, décoré de rosaces et de lions couchés, dont on ne voit que la partie antérieure et qui renferme une musique. Mouvement de Folin l'aîné, à Paris.

Haut., 65 cent.; larg., 58 cent.

506 — PENDULE du temps de l'Empire, en bronze doré au mat et figures en bronze vert : le Temps agenouillé et figure de génie assise en contemplation devant le buste d'Homère; allégorie de l'Immortalité. Socle en granit rose oriental.

Haut., 75 cent.; larg., 77 cent.

BRONZES D'AMEUBLEMENT

507 — DEUX GRANDS CANDÉLABRES du temps de Louis XVI, composés de figures de satyre et de femme satyre en bronze vert, d'après Clodion, tenant des cornets d'où s'échappent cinq branches porte-lumières, en bronze ciselé et doré, dont quatre à rinceaux et une formée d'une

COLLECTION SEILLIÈRE

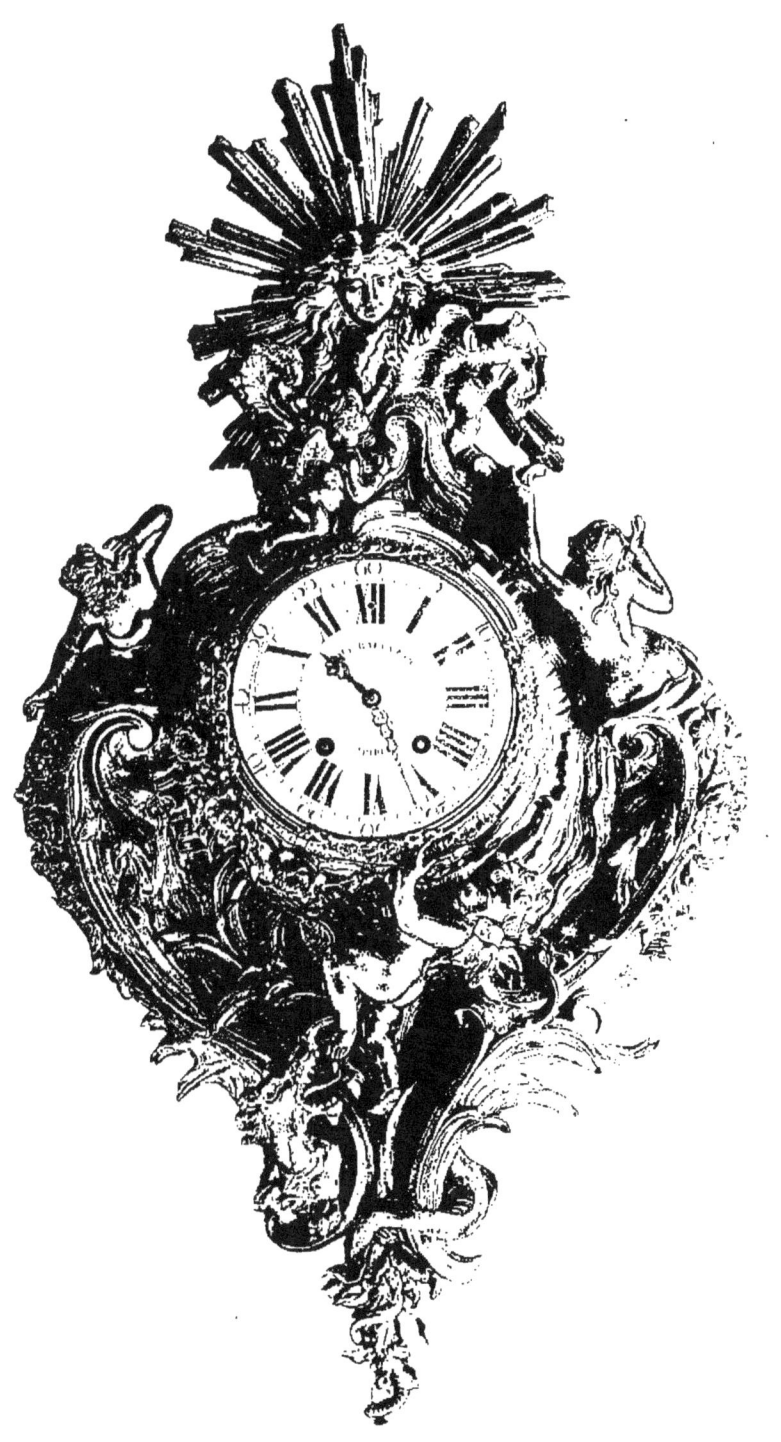

COLLECTION SEILLIERE

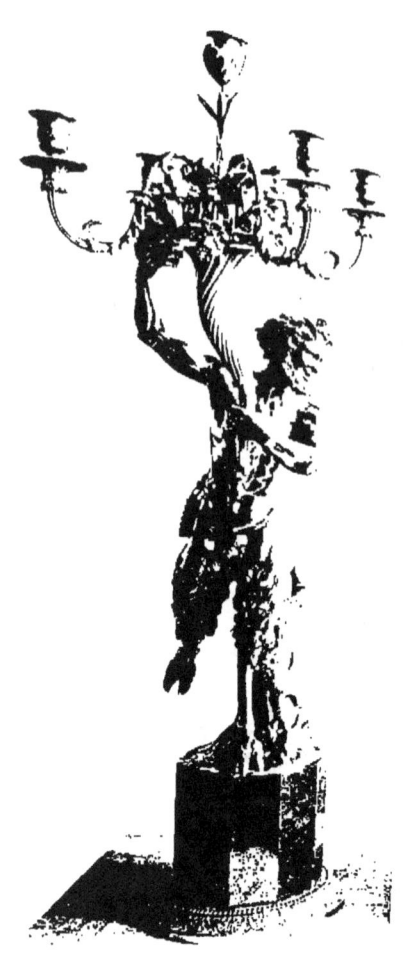

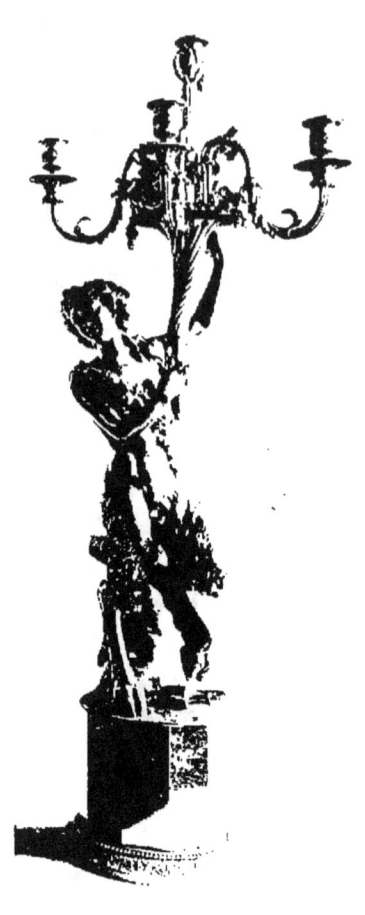

N° 507

N° 507

branche de tulipe. Socle à pans en serpentine avec moulures en bronze ciselé et doré.

Haut., 1 m. 16 cent.

508 — Deux girandoles à deux lumières, en bronze doré, du temps de Louis XVI ; leur tige est entourée de trois dauphins enroulés, et leurs branches sont formées de rinceaux avec branche de fleur au centre.

Haut., 26 cent.

509 — Flambeau de bouillotte du temps de Louis XVI, en bronze finement ciselé et doré. Il se compose d'un fût de colonne cannelée avec double tore et repose sur une base à gorge et doucine ciselée à feuilles d'eau ; l'une de ces bases est carrée et l'autre est ronde ; chaque fût supporte un petit plateau circulaire sur lequel reposent trois bobèches porte-lumières.

Haut., 30 cent.

510 — Deux petits bras de cheminée en bronze doré, à deux branches porte-lumières, à rinceaux sortant de la moustache d'un mascaron qui se termine en console. Époque Louis XVI.

Haut., 27 cent.

511-512 — Deux lustres du temps de Louis XVI en bronze doré, à quinze branches porte-lumières, à rinceaux entourant un vase bleu d'où s'échappent des flammes, et garnis l'un de plaquettes et pendentifs en cristal de roche, et l'autre de cristaux taillés. La partie inférieure du lustre se rattache au pavillon supérieur par des chaînes de suspension en bronze doré et par des festons en cristaux.

Haut., 1 m. 50 cent.

513 — Petit lustre flamand en cuivre poli à seize lumières, garni à sa partie supérieure d'une couronne fleurdelisée, et à sa partie inférieure d'un plateau rayonnant pour lampe à huile. Au-dessous du plateau est un récipient en forme de vase.

Haut., 1 m. 15 cent.

514 — Deux grands et beaux flambeaux du temps de Louis XIV en bronze doré. Chacun d'eux est formé d'une tige carrée, à ornements rapportés en relief qui reposent sur un large plateau rond dont la gorge est ornée de quatre mufles de lion et dont la doucine est ciselée à rinceaux et fleurons. La douille est décorée de palmettes et de feuilles.

Haut., 29 cent.

515 — Deux flambeaux du temps de Louis XVI en bronze ciselé et doré, à feuilles.

516 — Deux flambeaux du temps de Louis XVI en bronze ciselé et doré au mat. Ils sont couverts de feuilles et d'ornements variés, et leur base est enrichie d'un rang de perles.

517 — Deux flambeaux en bronze argenté, du temps de Louis XIV, avec têtes de lions, et autres ornements ciselés.
Haut., 23 cent.

518 — Deux flambeaux du temps de Louis XIV en bronze doré à balustre à huit pans, et enrichis d'ornements ciselés dans le goût de Boulle.
Haut., 26 cent.

519 — Deux flambeaux en bronze doré, formés chacun d'une figurine de paysan, tenant d'une main une branche porte-lumière à rinceaux, sur socle de forme contournée. Travail allemand du temps de Louis XV.
Haut., 28 cent.

520 — Deux flambeaux du temps de Louis XV, modèle rocaille en bronze doré. Leur tige triangulaire et contournée présente sur une de ses faces un papillon en relief. Leur pied est orné de canaux creux.
Haut., 29 cent.

521 — Deux forts flambeaux du temps de Louis XVI en bronze ciselé et doré, modèle à cannelures et tore de lauriers.

522 — Deux flambeaux du temps de Louis XVI en cuivre argenté, modèle à ressauts et guirlandes de laurier.

523 — Deux flambeaux courts du temps de Louis XVI, à fort balustre, en bronze ciselé et doré à sequins, rosaces et tores de lauriers.

524 — Deux grands et beaux flambeaux du temps de Louis XVI en bronze doré, à tige, pied et bobèche cannelés en spirale et enrichis de tores de chêne et perles finement ciselés.
Haut., 32 cent.

525 — Deux beaux flambeaux du temps de Louis XV, modèle rocaille, en bronze ciselé et doré.
Haut., 26 cent.

526 — Deux chenets du temps de Louis XIII en cuivre, composés chacun d'une colonnette de forme surbaissée, reposant sur un piédestal carré et sur deux consoles reliées par un mascaron tête de satyre. Ils se terminent à leur partie supérieure par un vase à panse ovoïde.
Haut., 85 cent.

527 — Deux chenets en cuivre jaune : ils sont formés de vases très richement ornés et surmontés de flammes, et reposent sur des socles à consoles pieds de lions et qui offrent sur leur face un médaillon ovale uni, entouré de rinceaux et de fleurons.
Haut., 65 cent.

528 — Deux petits chenets du temps de Louis XIV en bronze doré : fleuve et rivière figurés par une figure d'homme barbu et une nymphe à demi couchés.
Haut., 26 cent.

529 — Belle paire de chenets en bronze doré du temps de Louis XVI ; ils se composent chacun d'un vase de forme ovoïde à anses têtes de satyres reposant sur un piédestal carré, orné d'un médaillon et de rosaces. Ce vase est relié à une cassolette ovale d'où s'échappent des flammes par une galerie à balustres.
Haut., 60 cent.; larg., 51 cent.

530 — Deux grands chenets du temps de Louis XVI en bronze doré, ornés de cassolettes à trépied, garnis de guirlandes de lauriers, et à longues galeries enrichies de branches de laurier appliquées sur fond bruni.
Haut., 47 cent.; long., 60 cent.

531 — Deux chenets analogues à ceux qui précèdent, mais moins grands.
Haut., 46 cent.

532 — Deux chenets du temps de Louis XVI, modèle à vase et galerie, garnis de festons de feuilles de lierre.

533 — Deux chenets en bronze doré, du temps de Louis XV, formés de dragons, montés sur des socles, modèle rocaille.
Haut., 31 cent.; larg., 32 cent.

534 — Deux petits chenets du temps de Louis XIV en bronze doré, formés chacun d'un vase à flammes, sur socle carré orné de mascarons en relief.
Haut., 38 cent.

535 — Deux chenets en bronze doré, du temps de Louis XIV, formés de vases carrés reposant sur des socles ornés de médaillons à bustes en relief et à pieds de lions.
Haut., 40 cent.

536 — Deux chenets du temps de Louis XVI en bronze doré, modèle à galeries et vases avec festons de chêne retombant sur les galeries.
Haut., 38 cent.

537 — Deux chenets Louis XV en bronze, ornés, l'un d'une figure de femme tenant une rose, l'autre d'un adolescent tenant un oiseau, sur socle rocaille.
Haut., 33 cent.

538 — Deux petits chenets, modèle rocaille, à figures d'enfants, en bronze doré.
Haut., 29 cent.

539 — Deux petits chenets du temps de Louis XVI en bronze ciselé et doré. Ils se composent de fûts de colonnes cannelées, flanquées de consoles, garnis de guirlandes de fleurs et surmontés de petits vases à guirlandes de laurier.
Haut., 41 cent.

MEUBLES

en bois sculpté et autres, antérieurs au XVIIᵉ siècle

540 — Grand et magnifique meuble en bois sculpté à deux corps et à fronton en retraite, formant dressoir. Le corps inférieur repose sur une riche moulure à ressauts. La porte qui occupe la partie centrale est enrichie d'une peinture jaune d'or à figures, avec encadrement de style monumental, sculpté en relief. Cette porte est encadrée par deux montants ornés de cariatides d'hommes barbus se terminant en gaine et couronnés de fruits. Cette partie du meuble, qui est en saillie, est flanquée, sur ses côtés, d'animaux fantastiques à têtes

COLLECTION SEILLIERE

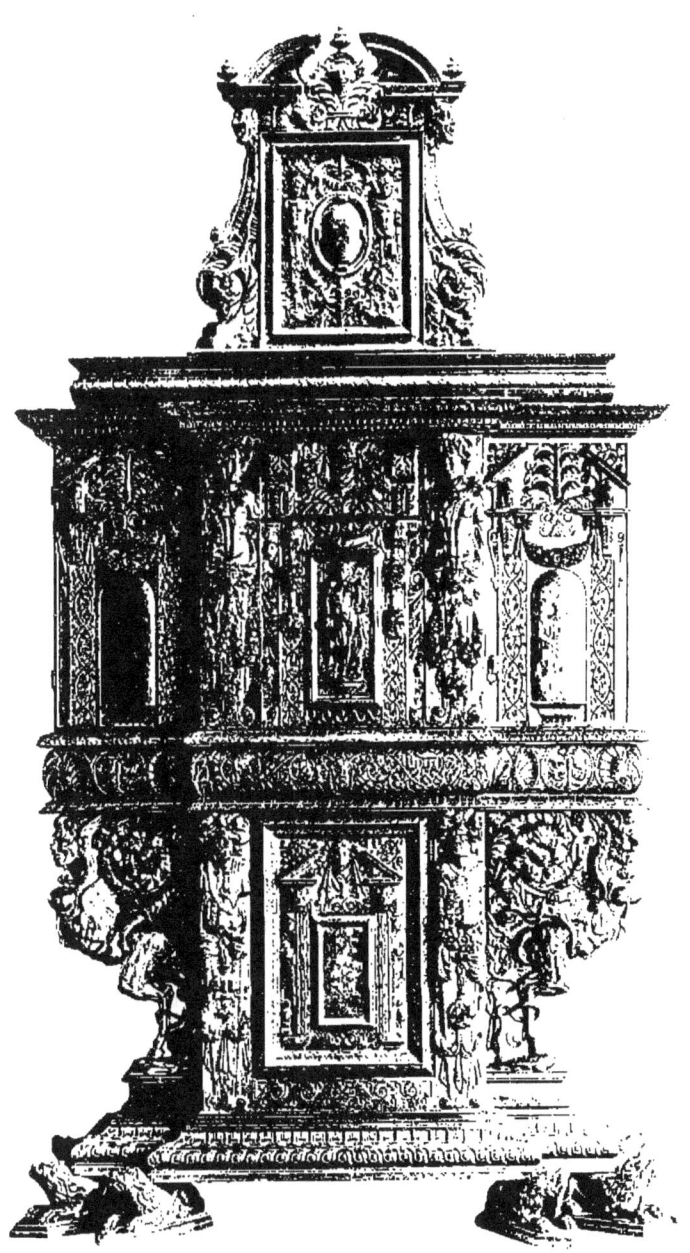

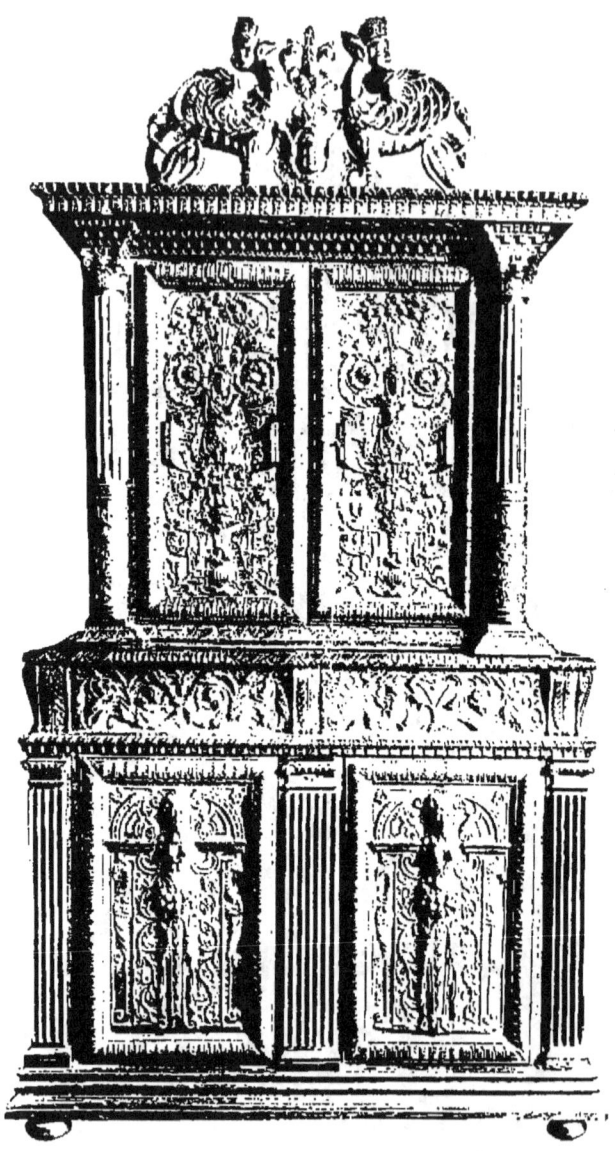

humaines se profilant en consoles et servant de support au rang de trois tiroirs et au corps supérieur du meuble. Cette dernière partie se compose de trois portes : celle du centre est ornée d'une statuette d'Apollon debout et ses montants, comme ceux de la porte du corps inférieur et sur le même plan, sont formés de cariatides se terminant en gaine enrichie de guirlandes de fruits. Les deux autres portes, qui encadrent celle dont il vient d'être parlé, sont en retraite par rapport à celle-ci, et présentent des décors jaune d'or à figures avec encadrement de style monumental. Ce meuble, remarquable tant par son aspect imposant que par l'harmonie de sa forme, la richesse et la bonne exécution de ses sculptures, appartient à l'école lyonnaise et date du xvɪe siècle.

Haut., 3 mètres; larg., 1 m. 55 cent.

541 — MEUBLE en bois sculpté à deux corps à quatre portes et deux tiroirs, enrichis de cariatides, de rinceaux et d'arabesques du plus beau style de la Renaissance. Les angles du corps supérieur du meuble sont garnis de colonnes cannelées à chapiteaux corinthiens et son fronton est composé d'un cartouche à mascarons, flanqué de deux sphinx fantastiques. Travail français du xvɪe siècle.

Haut., 2 m. 40 cent.; larg., 1 m. 26 cent.

542 — TRÈS BEAU DRESSOIR à trois corps, en bois sculpté. Le corps inférieur repose sur une moulure godronnée et se compose d'un fond sculpté à arabesques et de deux piliers à consoles et pieds d'animaux servant de support à la seconde tablette garnie d'une moulure godronnée. Le fond de cette seconde partie est analogue comme décor aux panneaux inférieurs. Deux petites colonnes, modèle balustre, servent d'appui à la dernière partie du meuble. Cette partie formant fond se compose de deux panneaux décorés de riches cartouchages et de trois cariatides d'hommes et de femme se terminant en gaine, avec mascarons placés en avant des panneaux dont il vient d'être parlé. École lyonnaise du xvɪe siècle.

Haut., 2 m. 23 cent.; larg., 1 m. 41 cent.

543 — CRÉDENCE en bois sculpté, à deux portes et deux tiroirs, décorée d'arabesques et d'ornements sculptés en relief peu saillant. Le corps supérieur du meuble est supporté par quatre cariatides fantastiques ailées, à têtes humaines et à jambes d'animaux. France, xvɪe siècle.

Haut., 1 m. 49 cent.; larg., 1 m. 35 cent.

544 — Très beau bahut italien en bois sculpté, rehaussé de parties dorées. Il présente sur sa face principale deux scènes tirées de la vie de César, sculptées en haut-relief, et un écusson d'armoiries soutenu par deux figures de Victoires debout. Les angles sont ornés de figures d'esclaves debout et enchaînés, et il est supporté par quatre animaux couchés.

Haut., 72 cent.; long., 1 m. 85 cent.; larg., 62 cent.

545 — Grand bahut italien, modèle tombeau, en bois sculpté, avec parties dorées. Il est décoré de bas-reliefs carrés représentant des sujets ayant trait à l'histoire d'Hercule, et il offre au centre de sa face principale un écusson ovale soutenu par deux figures de génies debout. Ses angles et les entredeux des bas-reliefs présentent des figures de femmes debout et drapées formant pilastres. Les pieds sont formés de mascarons fantastiques barbus, et sa frise supérieure formant gorge est décorée de mascarons et d'enroulements. Ouvrage du xvie siècle.

Haut., 75 cent.; long., 1 m. 80 cent.; larg., 60 cent.

546 — Grande et belle table de forme rectangulaire en bois sculpté, reposant sur deux piliers composés de deux cariatides de femmes se terminant par des têtes et des griffes de lions, et reliées entre elles par un terme à tête de satyre. La plinthe d'entredeux est surmontée par des arceaux à plein cintre, supportés par des colonnettes cannelées. Elle provient du château de la Poype et a subi quelques restaurations. Travail français du xvie siècle.

Long., 1 m. 42 cent.; larg., 91 cent.

547 — Table rectangulaire reposant sur deux piliers et un entrejambes en bois sculpté, composés de consoles et d'entrelacs, ainsi que de pilastres ornés de mascarons. Cette pièce a été restaurée. Travail français du xvie siècle.

Long., 1 m. 56 cent.; larg., 98 cent.

548 — Table carrée en menuiserie de chêne sculpté, reposant sur deux piliers formés de deux griffons fantastiques ailés, de mascarons, de draperies et de cartouchages. La barre d'entredeux se compose d'arcatures à plein cintre avec retombées tournées. Cette pièce a été restaurée. Travail français du xvie siècle.

Long., 1 m. 35 cent.; larg., 74 cent.

549-550 — Deux tables italiennes en bois d'ébène, enrichies d'incrustations d'ivoire gravé, à figures, fleurs et ornements. Elles reposent sur

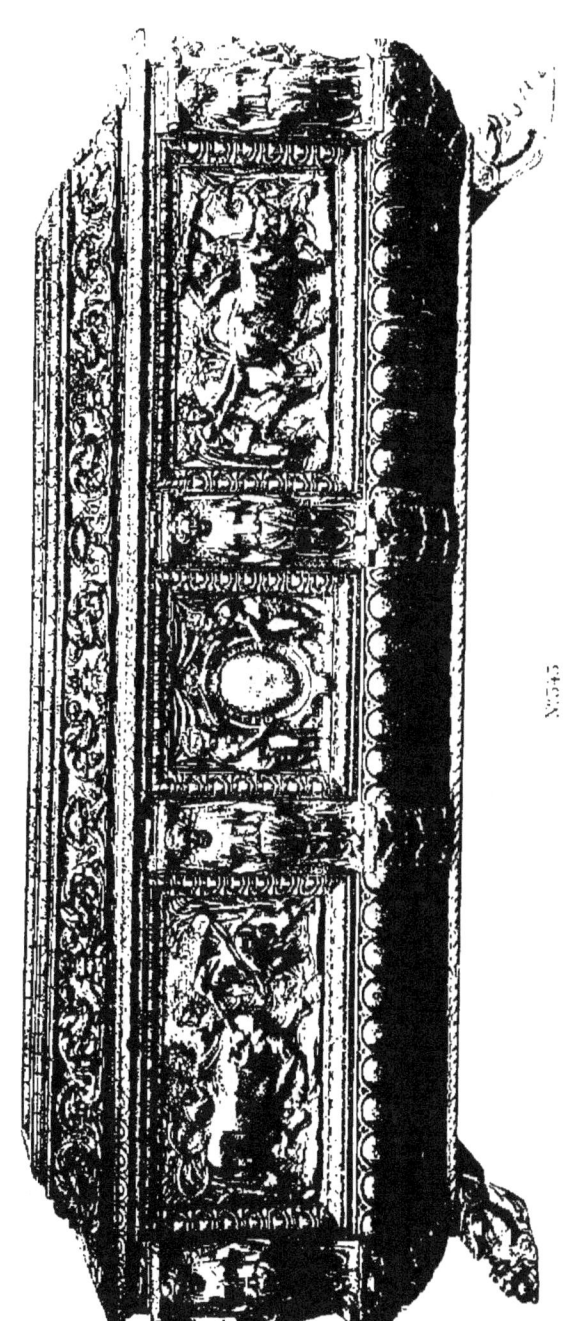

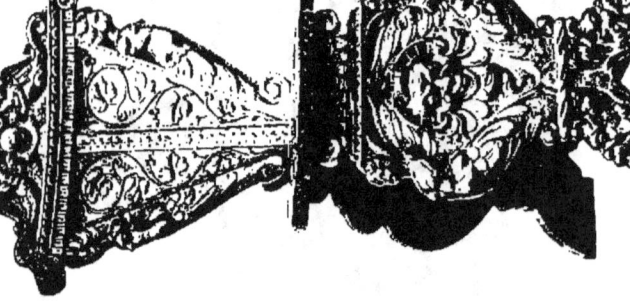

COLLECTION SEILLIÈRE

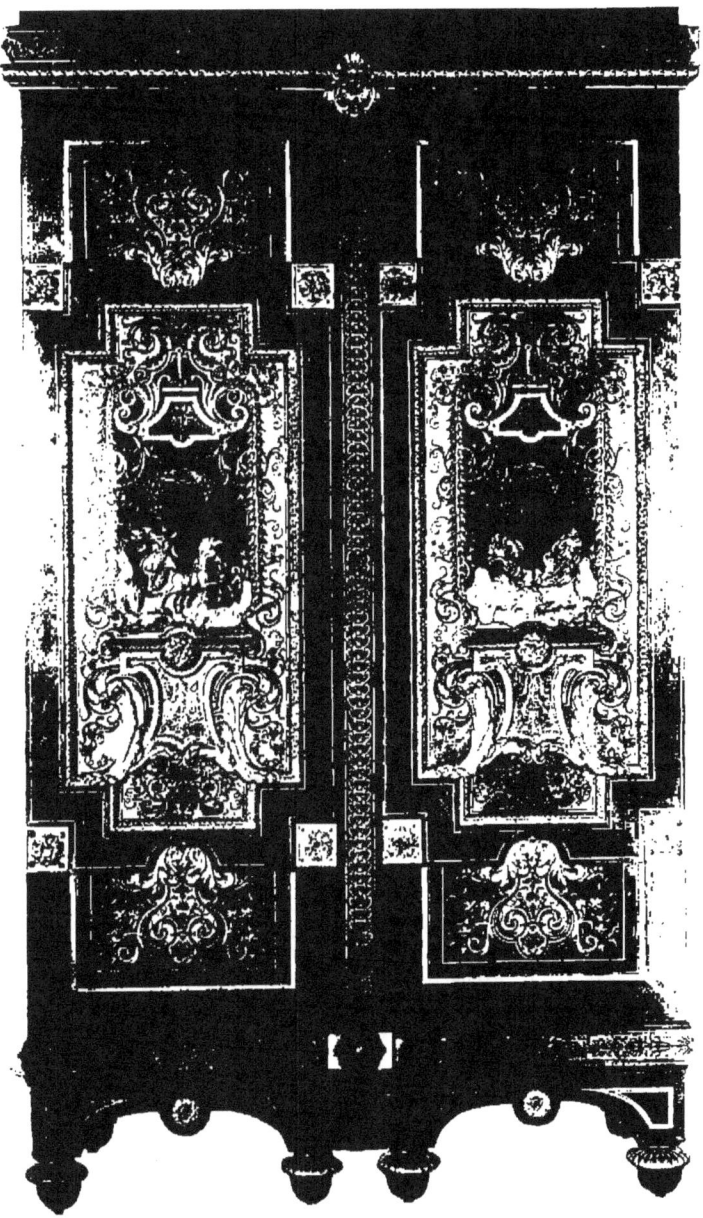

Nº 556

deux piliers en bois noir découpé à jour, avec arc-boutant en fer. XVIe siècle.

Long., 1 m. 48 cent.; larg., 72 cent.

551 — Deux pliants italiens, modèle à X, entièrement recouverts d'une riche marqueterie de Venise, à rosace en bois et ivoire niellé d'étain. Travail remarquable et des plus rares de la fin du XVe siècle.

Haut., 95 cent.; larg., 70 cent.

552-553 — Quatre chaises italiennes en bois richement sculpté et rehaussé d'or bruni sur fond de bois naturel. Elles sont ornées de cariatides de femmes, de mascarons et de rinceaux découpés à jour en deux modèles. Ces sièges, qui datent du XVIe siècle, ont été restaurés.

Haut., 1 m. 17 cent.; larg., 52 cent.

554 — Deux chaises italiennes en bois sculpté, analogues à celles qui précèdent, mais non dorées.

Haut., 1 m. 5 cent.; larg., 52 cent.

555 — Deux chaises italiennes en bois sculpté, à peu près pareilles à celles qui précèdent, mais sans fronton.

Haut., 95 cent.; larg., 52 cent.

MEUBLES
des époques Louis XIV, Louis XV et Louis XVI

556 — Très grand et très beau meuble du temps de Louis XIV, fermant à deux portes, en marqueterie de Boulle, écaille de l'Inde, cuivre et corne bleue, très richement garni de bronze doré. Chacune de ses portes présente une figure montée dans un char traîné par des chevaux au galop, en haut-relief, en bronze doré. Les faces latérales sont ornées d'une figure debout, de même matière.

Haut., 2 m. 60 cent.; larg., 1 m. 55 cent.

557 — Grand meuble à deux portes et à gorge surmontant l'entablement, entièrement couvert d'une très belle marqueterie de Boulle, écaille et cuivre, à figures et ornements dans le style de Bérain, finement gra-

vés, et enrichi de moulures et de mascarons de bronze ciselé et doré. Travail du temps de Louis XIV.

Haut., 2 m. 70 cent.; larg., 1 m. 45 cent.

558 — AUTRE BEAU MEUBLE du temps de Louis XIV, à deux portes et deux tiroirs au-dessous, en marqueterie de Boulle, écaille rouge et cuivre à ornements, dans le style de Bérain. Ses montants et son entredeux sont formés de pilastres en marqueterie, avec base et chapiteau en bronze doré. Il est enrichi de moulures et d'encadrements et repose sur de forts pieds en bronze ciselé et doré.

Haut., 2 m. 32 cent.; larg., 1 m. 60 cent.

559-560 — DEUX TRÈS BEAUX COFFRES de mariage du temps de Louis XIV, de forme rectangulaire, à couvercle légèrement bombé, en marqueterie de Boulle, écaille et cuivre, garnis de beaux ornements de bronze doré. Chacun d'eux repose sur une console en marqueterie, avec entrejambes orné d'une rosace.

Hauteur totale, 1 m. 20 cent.; larg., 70 cent.

561 — GRAND MEUBLE-CABINET de forme monumentale, surmonté d'un fronton et reposant sur une table-support portée par six pieds en gaine. Ce meuble est couvert dans toutes ses parties d'une très belle marqueterie d'étain sur écaille rouge, avec figures incrustées en cuivre. Le corps principal, garni de quatre colonnes avec base et chapiteau corinthien en bronze doré, présente à son centre une partie décorée de figures costumées à l'orientale, en cuivre gravé, et de riches rinceaux en étain. De chaque côté, quatre tiroirs, ornés aussi de figures gravées sur cuivre et se détachant sur un fond d'étain uni, sont enrichis à leur centre de cabochons en lapis-lazuli, avec cadres en bronze ciselé et doré, à mufles de lion et ornements. Le reste du meuble est décoré de frises de guerriers combattants, de figures de génies enlacées dans des rinceaux, de trophées d'armes, de bustes, etc., en étain finement gravé, incrusté sur écaille rouge. Les angles sont garnis à leur partie supérieure de figurines en bronze doré. Travail allemand remarquable du temps de Louis XIV.

Haut., 2 m. 60 cent.; larg., 1 m. 47 cent.

562 — GRAND MEUBLE fermant à deux portes, en bois satiné, richement garni de bronzes ciselés et dorés, à rosaces et encadrements. Époque Louis XIV.

Haut., 2 m. 28 cent.; larg., 1 m. 60 cent.

COLLECTION SELLIERE.

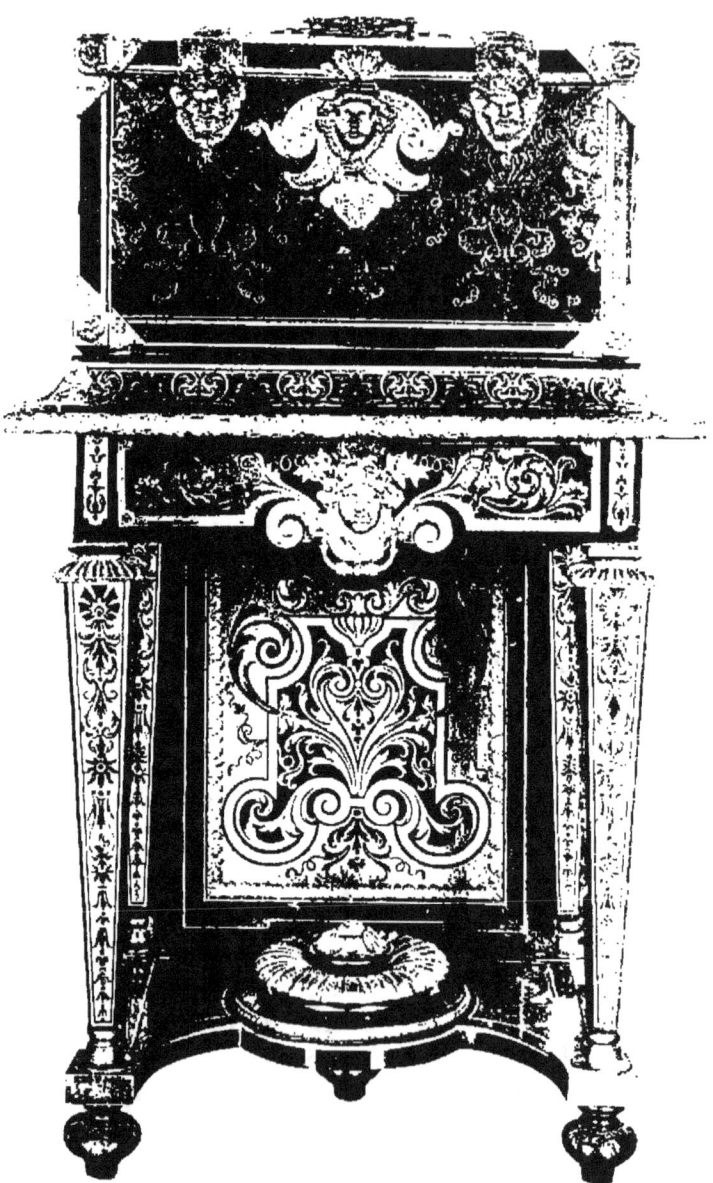

COLLECTION SEILLIERE

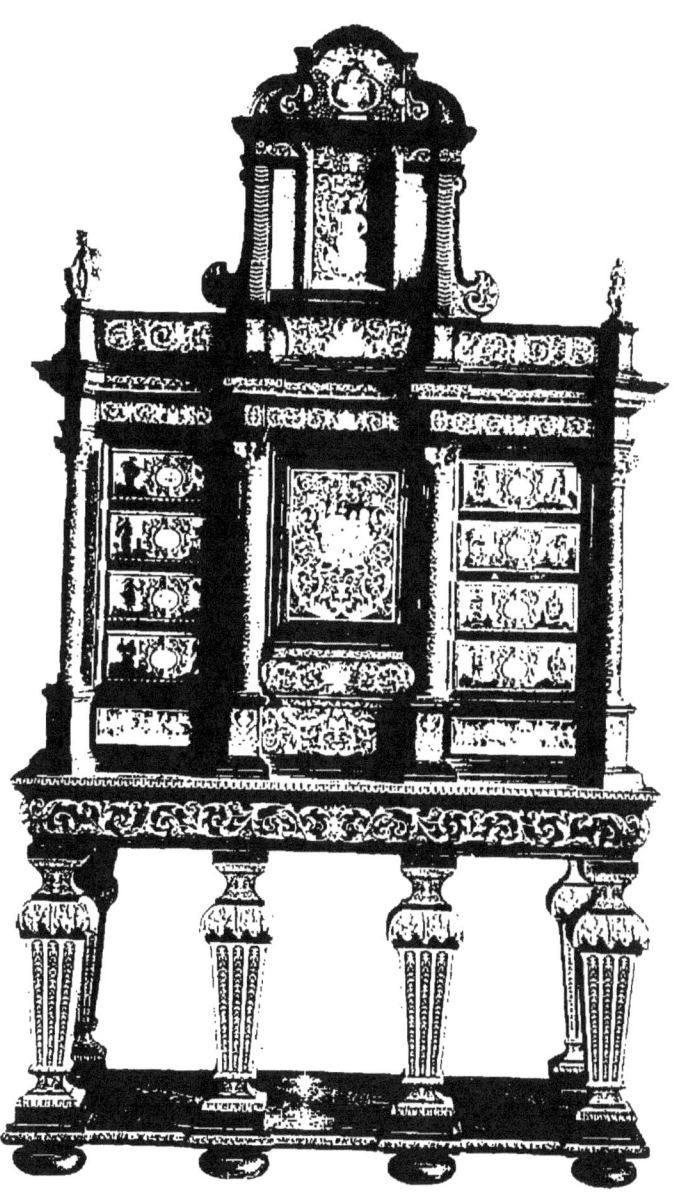

N° 561

563 — Miroir de toilette biseauté, cintré par le haut, dans un beau cadre en marqueterie de Boulle, cuivre et écaille de l'Inde, garni d'écoinçons et d'un fronton en bronze ciselé et doré. Son revers est couvert d'une riche marqueterie, première partie, et porte le chiffre et la couronne de la maison d'Orléans. Époque Louis XIV.

Haut., 71 cent.; larg., 52 cent.

564 — Commode du temps de Louis XIV, en marqueterie de cuivre sur écaille rouge, à quatre rangs de tiroirs, légèrement cintrée et garnie de bronzes ciselés et dorés.

Haut., 89 cent.; larg., 1 m. 20 cent.

565 — Commode du temps de Louis XIV, de forme droite légèrement cintrée et à trois rangs de tiroirs en marqueterie de bois, à ornements dans le goût de Bérain, et garnie de poignées, d'entrées de serrures et de pieds en bronze ciselé et doré. Son dessus offre un écusson d'armoiries.

Haut., 85 cent.; larg., 1 m. 18 cent.

566 — Deux encoignures du temps de la Régence, à deux portes en bois satiné, incrustées de filets de cuivre et garnies de bronzes dorés. Tablette en marbre rans. Deux étagères à deux tablettes ont été rapportées sur ce meuble.

Haut., 2 mètres.

567 — Commode Régence, en marqueterie de bois satiné, richement garnie de bronzes dorés et à trois rangs de tiroirs. Dessus de marbre rans.

Haut., 85 cent.; larg., 1 m. 30 cent.

568 — Grande et belle commode du temps de Louis XV, de forme contournée, à deux grands tiroirs et à portes sur les côtés, en bois laqué en relief, à figures et paysages en couleurs et or. Ornements rocaille en bronze doré. Dessus de marbre rans.

Haut., 88 cent.; larg., 1 m. 68 cent.

569 — Petit bureau plat à contours du temps de Louis XV, en marqueterie de bois, à rosace sur fond bois de rose.

Haut., 73 cent.; larg., 81 cent.

570 — Deux encoignures du temps de Louis XV, laquées en couleurs sur fond noir et garnies de bronzes rocaille. Dessus de marbre portor.

571 — TABLE à ouvrage de forme ovale, en bois de rose et marqueterie, garnie de rosaces en bronze doré et à dessus de marbre bleu turquin. Époque Louis XV.

Larg., 49 cent.

572 — COMMODE Louis XV, en bois de rose, à côtés et tiroirs en laque noir et dessus de marbre brèche.

Larg., 1 m. 15 cent.

573 — COMMODE Louis XV, en marqueterie de bois à paysage et damier, garnie de bronzes ciselés et dorés avec chutes ornées de têtes de béliers, à dessus de marbre brèche.

Larg., 1 m. 32 cent.

574 — COMMODE cintrée et à côtés rentrants, en bois de rose, garnie de bronzes dorés. Sur le devant, applique formée de deux vases sur une terrasse. Époque Louis XV. Dessus de marbre brèche d'Alep.

Larg., 1 m. 14 cent.

575 — TABLE-TOILETTE en marqueterie de bois à rinceaux et feuillages, et garnie de bronze. Époque Louis XV.

Larg., 94 cent.

576 — TABLE-TOILETTE du temps de Louis XV, en marqueterie de bois satiné. Dessus marqueté à fleurs et oiseaux, garni de bronzes dorés.

Larg., 95 cent.

577 — TABLE réniforme, de l'époque Louis XV, à pieds légèrement contournés et à tiroirs, sur la face et sur les côtés. Elle est garnie de sabots en cuivre.

Long., 1 m. 8 cent.

578 — GRANDE ET BELLE COMMODE du temps de Louis XVI, à deux tiroirs, deux portes et un rang de trois petits tiroirs. Marqueterie en bois à rosaces très richement garnie de bronzes ciselés et dorés à l'or moulu. Elle repose sur quatre pieds bas et présente à la partie inférieure du tiroir du bas un large mascaron entouré de feuilles. La frise du haut est garnie de l'ornement dit porte-tablette en marbre bleu turquin. Elle provient de la vente du château de Montbars et a appartenu à Buffon.

Haut., 97 cent.; larg., 1 m. 35 cent.

COLLECTION SEILLIÈRE

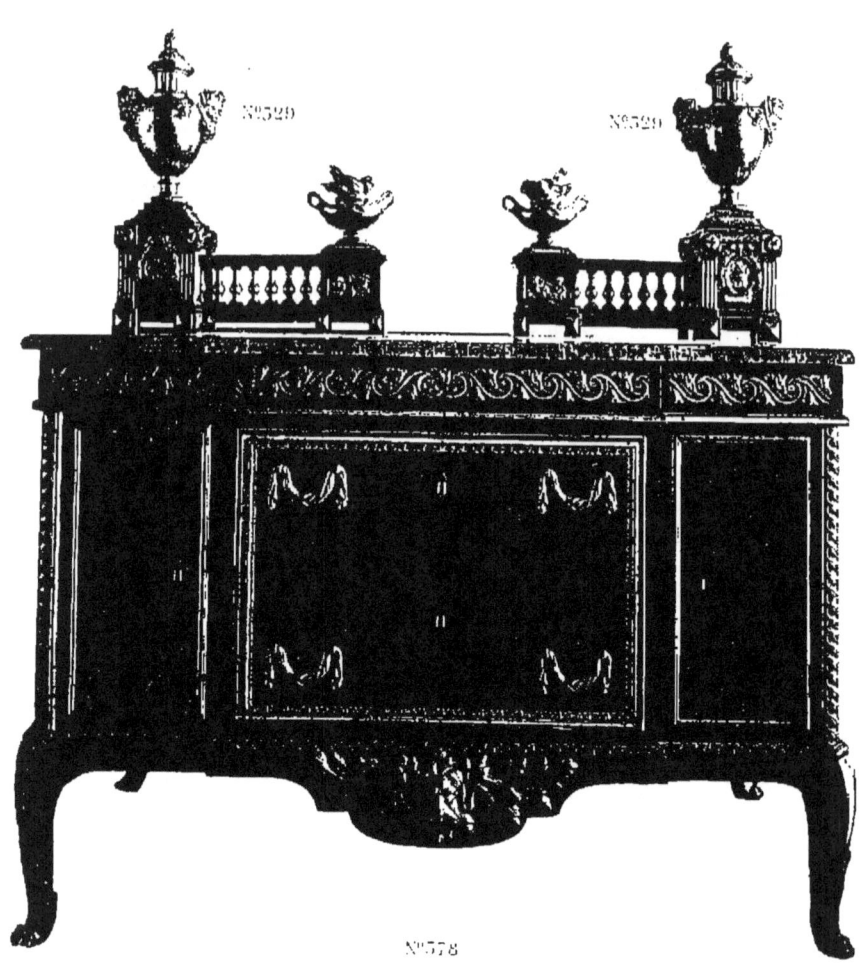

579 — GRANDE TABLE à quatre faces en bois d'acajou, reposant sur huit pieds reliés entre eux par de forts festons de laurier en bronze doré, rattachés à la frise du meuble par un nœud de ruban. Le pourtour du meuble est orné d'une grecque et son dessus en basane est encadré par une large gorge en bronze ciselé et doré, à ornements et feuilles. Les bronzes de cette table sont en grande partie anciens.

Long., 2 m. 7 cent.; larg., 1 m. 10 cent.

580 — JOLIE TABLE-BUREAU du temps de Louis XVI, en marqueterie de bois à rosaces dans des compartiments octogones et garnie de quelques ornements en bronze ciselé et doré.

Long., 1 m. 11 cent.; larg., 63 cent.

581 — COMMODE du temps de Louis XVI, à trois rangs de tiroirs, en marqueterie de bois, à vases et trophées de musique sur fond de bois de rose. Dessus de marbre gris.

Haut., 87 cent.; larg., 1 m. 30 cent.

582 — SECRÉTAIRE à porte à abattant, des mêmes époque et travail que la commode qui précède.

Haut., 1 m. 47 cent.; larg., 87 cent.

583 — PETIT BUREAU plat en bois de placage, garni de rosaces et de moulures en bronze ciselé et doré, et sur pieds carrés. Époque Louis XVI.

Long., 1 m. 24 cent.; larg., 69 cent.

584 — PETIT BUREAU bonheur-du-jour en bois de rose, garni d'ornements en bronze doré, et avec tablette d'entrejambes. Époque Louis XVI.

Haut., 1 m. 3 cent.; larg., 73 cent.

585 — MEUBLE fermant à trois portes, en bois noir et panneaux de laque rouge. Dessus de marbre blanc avec galerie de bronze doré. Époque Louis XVI.

Larg., 1 m. 37 cent.

586 — DEUX PETITES ENCOIGNURES du temps de Louis XVI, en marqueterie à damier et dessus de marbre.

Haut., 88 cent.

587 — PETITE TABLE DE NUIT carrée sur quatre pieds carrés, ouvrant à

deux portes placées au-dessous d'un tiroir, en bois de rose et marqueterie à treillis. Elle est garnie d'entrées et de sabots de cuivre. Dessus de marbre blanc bordé d'une galerie de cuivre. Époque Louis XVI.

Haut., 91 cent.; larg., 49 cent.

588 — PETITE COMMODE Louis XVI, en laque noir à décor d'or, garnie d'ornements en bronze ciselé, et à dessus de marbre.

Larg., 83 cent.

589 — COMMODE du temps de Louis XV, à deux tiroirs, en marqueterie de bois, à trophées, instruments de musique et bouquets de fleurs. Dessus de marbre gris.

Larg., 1 m. 31 cent.

590 — TABLE TRICOTEUSE, modèle rognon, en bois de rose, avec galerie en bronze doré.

Larg., 96 cent.

591 — PETITE TABLE TRICOTEUSE, de forme triangulaire, à angles coupés, et à trois tablettes en bois de citron et colonnettes en bois d'acajou ; chaque tablette porte une lettre M incrustée, en bois teint en vert. Époque Louis XVI.

Haut., 75 cent.; larg., 42 cent.

592 — PETIT BUREAU en bois de rose, à quatre pieds reliés par une tablette d'entrejambes, et garni d'une galerie en cuivre doré. Époque Louis XVI.

Larg., 66 cent.

593 — PETITE TABLE rectangulaire en acajou, sur pieds carrés ajourés et tablette d'entrejambes, à dessus de marbre brocatelle d'Espagne, et garnie d'ornements en cuivre doré.

Larg., 59 cent.

594 — TABLE à ouvrage de forme ovale, en bois de placage, avec rosaces et galerie en cuivre doré, tablette d'entrejambes et dessus de marbre blanc.

Larg., 54 cent.

595 — SECRÉTAIRE droit à porte à abattant, en bois de rose, garni de bronzes ciselés et dorés, et enrichi de trois plaques en ancienne porce-

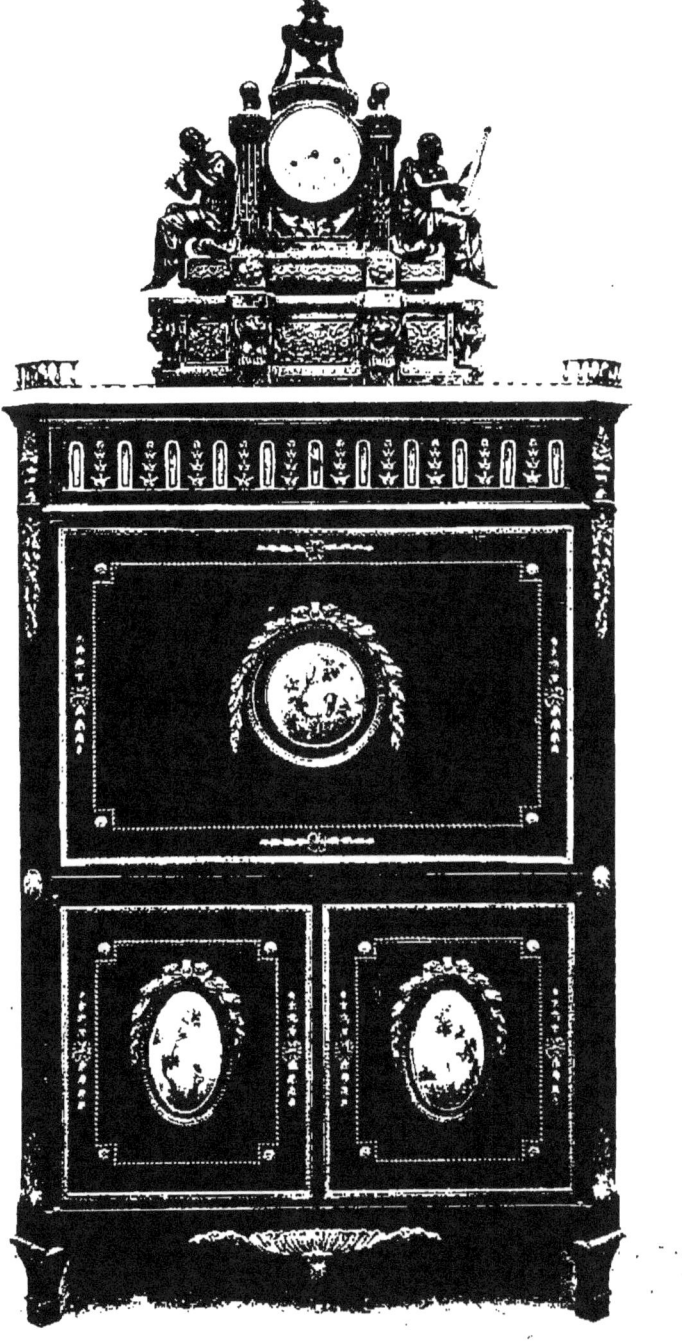

COLLECTION SEILLIÈRE
N° 505

laine de Sèvres, pâte tendre, fond vert pomme, à médaillon d'oiseaux portant le sigle du peintre Evans. Époque Louis XVI.

596 — SECRÉTAIRE Louis XVI en marqueterie tigrée exécutée à l'aide de nœuds de bois des Iles. Les montants sont en acajou, et il est garni d'ornements en bronze doré.

Haut., 1 m. 40 cent.; larg., 82 cent.

597 — COMMODE accompagnant le meuble qui précède et de même travail.

Larg., 85 cent.

598 — TABLE-TOILETTE du temps de Louis XVI en marqueterie de bois à fleurs et garnie de quelques ornements en bronze doré.

Larg., 87 cent.

599 — PETITE COMMODE du temps de Louis XVI en bois de rose, ornée de panneaux de laque noir, incrustée de burgau et garnie de bronzes ciselés et dorés. Dessus de marbre portor.

Larg., 75 cent.

600 — COMMODE du temps de Louis XVI de forme cintrée, en bois d'acajou, garnie de bronzes dorés, à pilastres et chapiteaux ioniques. Dessus de marbre turquin.

Larg., 1 m. 33 cent.

601 — TABLE-TOILETTE en acajou avec moulures de cuivre poli. A l'intérieur, une tablette de marbre blanc. Époque Louis XVI.

Larg., 90 cent.

602 — GRANDE COMMODE du temps de Louis XVI en bois d'acajou, garnie de bronzes dorés et à trois tiroirs. Les poignées sont formées de vases placés entre deux grecques reliées par des guirlandes de laurier. Dessus de marbre brèche.

Larg., 1 m. 50 cent.

603 — COMMODE cintrée en bois de rose, à médaillons trophées d'instruments de musique et vases, frises marquetées avec quelques ornements de bronze et dessus de marbre blanc. Époque Louis XVI.

Larg., 1 m. 32 cent.

604 — Table dite Tronchin en bois d'acajou à moulures de cuivre doré. Époque Louis XVI.

Larg., 97 cent.

605 — Table analogue à celle qui précède, mais de petites dimensions. Ses pieds sont carrés et cannelés.

Larg., 68 cent.

606 — Grand paravent à huit feuilles en laque de Chine à fond noir et décor d'or.

MEUBLES
EN BOIS SCULPTÉ ET DORÉ

607 — Grande table à quatre faces en bois sculpté et doré du temps de Louis XIV. Chacun de ses quatre pieds est formé par un balustre à panse droite flanquée de deux consoles surmontées de têtes d'aigles. Ils sont reliés entre eux par un riche entrejambes formé d'une double lyre, avec support, au centre, destiné à recevoir un vase. Dessus de marbre vert de mer à moulures.

Haut., 94 cent.; long., 2 m. 11 cent.; larg., 98 cent.

608 — Grande et belle console en bois sculpté et doré du plus beau style Louis XIV, à huit pieds en gaine, à volutes et rinceaux, mufles et peaux de lions ; ces pieds sont reliés par un riche entrejambes sculpté à rinceaux et ornements. Dessus de marbre rouge du Languedoc d'un seul morceau avec large moulure au pourtour.

Haut., 1 m. 8 cent.; long., 2 m. 23 cent.; larg., 95 cent.
Épaisseur de la tablette, 7 cent. 1/2.

609 — Grande et belle glace à biseau avec cadre double en bois sculpté et doré, enrichi d'ornements découpés à jour et compartiments de glace. Travail remarquable du temps de Louis XIV.

Haut., 1 m. 70 cent.; larg., 1 m. 40 cent.

610 — Table carrée en bois sculpté, doré en partie sur fond noir, reposant sur quatre pieds carrés et avec entrejambes à X et consoles. Son dessus, en marqueterie de bois, représente un vase de fleurs et

COLLECTION SEILLIERE

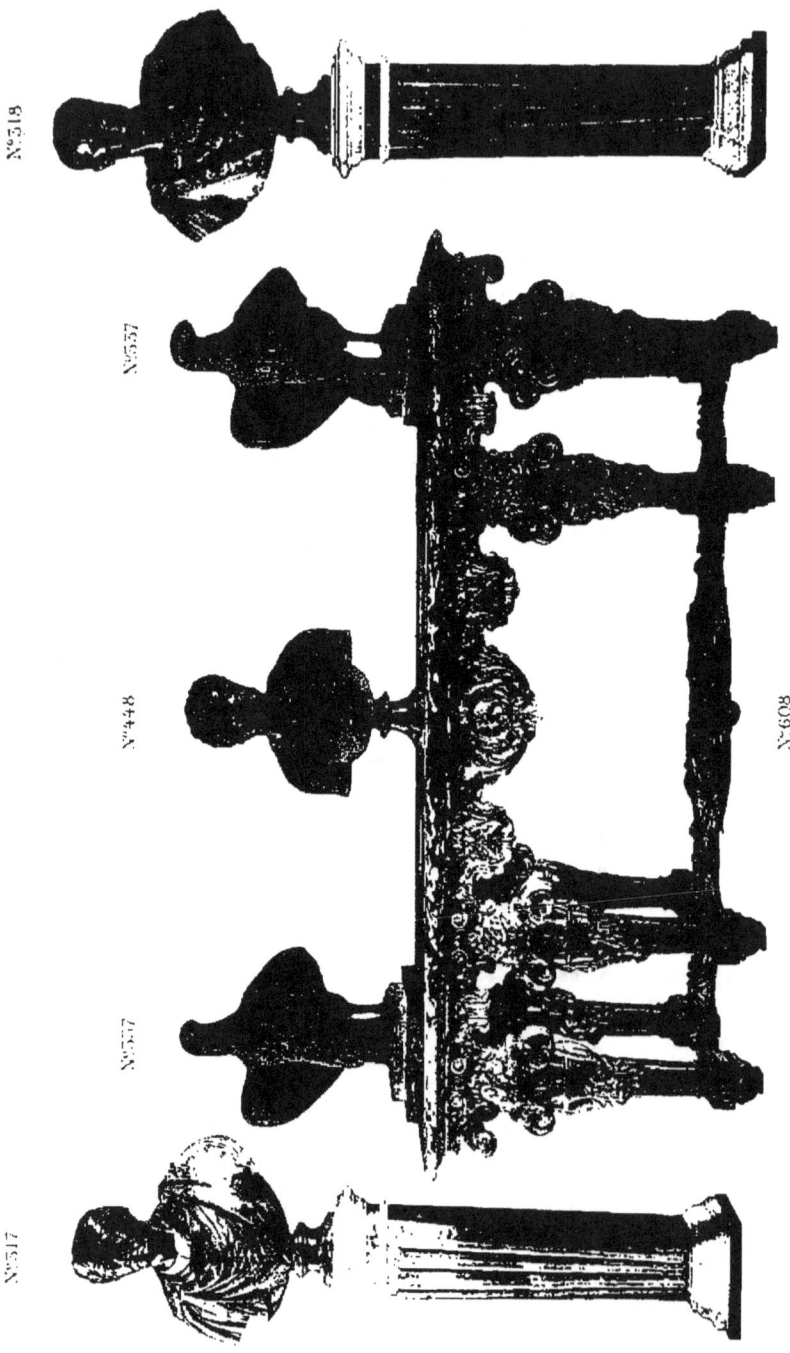

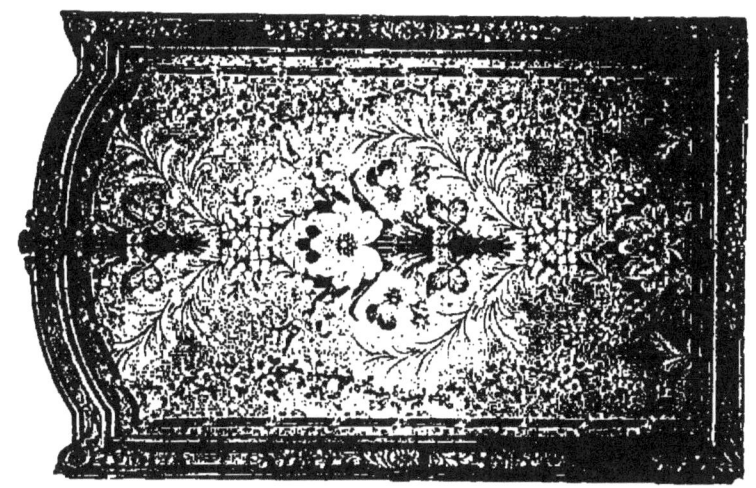

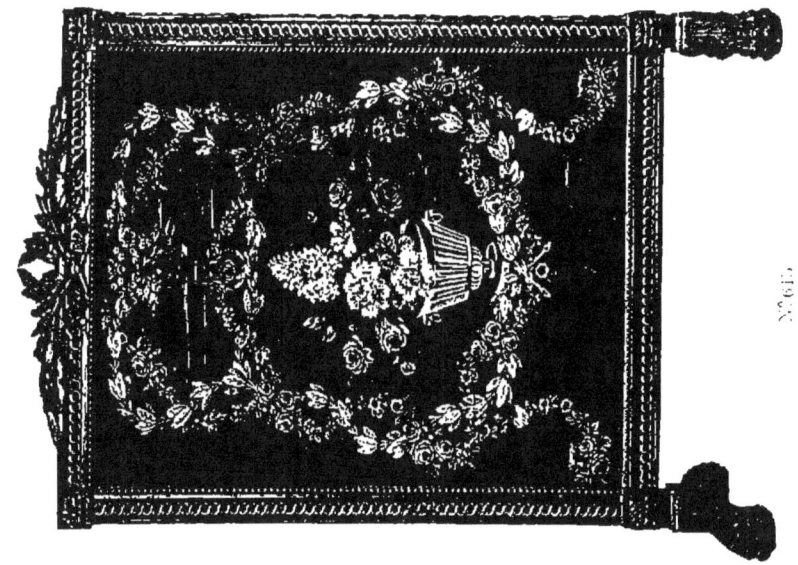

des rinceaux qui se détachent en divers tons de bois sur fond noir. Époque Louis XIV.

Long., 1 m. 8 cent.; larg., 74 cent.

611 — Petit paravent à quatre feuilles en bois sculpté et doré, garni de satin bleu clair broché à fleurs et ornements en blanc et vert.

Haut., 1 m. 25 cent.; long., 75 cent.

612 — Écran de forme ovale et sur deux pieds, en bois sculpté et doré, à ornements et guirlandes de laurier, garni en damas de soie rouge, à fleurs et corbeilles de fleurs blanches. Époque Louis XVI.

Haut., 1 m. 3 cent.; long., 95 cent.

613 — Écran de cheminée du temps de Louis XVI, en bois sculpté et doré. Il est de forme carrée avec couronnes et branches de laurier à sa partie supérieure, et est garni en soie ponceau brochée à fleurs de couleurs.

Haut., 1 m. 27 cent.; larg., 83 cent.

614 — Écran en bois sculpté et doré du temps de Louis XVI, garni d'étoffe de soie à fond blanc ombré.

Haut., 1 m. 20 cent.

SIÈGES

615 — Meuble de salon du temps de la Régence, en bois sculpté, couvert de tapisserie à médaillons de paysages encadrés de fleurs, d'ornements et d'oiseaux. Il se compose de cinq grands fauteuils et d'un canapé.

616 — Beau meuble de salon en bois sculpté et doré, couvert d'anciennes tapisseries de Beauvais, à sujets militaires et fleurs d'après Casanova. Il se compose de deux canapés et de six fauteuils.

617 — Beau meuble de salon du temps de Louis XVI, en bois sculpté peint en blanc, garni de damas de soie bleue à dessins blancs. Il se compose d'une petite causeuse, de six fauteuils et d'un grand canapé.

618 — Trois fauteuils des mêmes époque et travail que le meuble de salon qui précède.

619 — Deux grandes bergères du temps de Louis XVI, en bois sculpté et doré, couvertes en brocatelle moderne à fond blanc.

Haut., 1 m. 13 cent.

620 — Deux tabourets de style Régence, en bois sculpté et doré, couverts d'étoffe semblable à celle des sièges qui précèdent.

Larg., 55 cent.

TAPISSERIES

621-622 — Deux grandes et belles tapisseries de la fin du xvi° siècle, représentant des sujets tirés de l'histoire romaine, et composées d'un grand nombre de personnages en riches costumes de l'époque. Les encadrements sont formés de médaillons représentant des figures allégoriques, avec entredeux décorés de vases de fleurs. Ces tapisseries, d'une grande richesse de décor et d'un brillant effet, sont parfaitement conservées.

Haut., 4 mètres ; larg., 5 mètres.

623 — Portière à quatre bandes en application, à fleurons et rinceaux sur fond jaune et velours grenat. Travail vénitien. xvi° siècle.

Haut., 3 m. 64 cent.

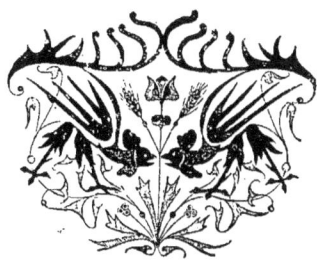

TABLEAUX

BELLE

624 — Nicolas Fouquet, surintendant des finances (1615 † 1680).

Grandeur naturelle, jusqu'aux genoux, tourné de trois quarts à droite. Il est assis sur un fauteuil de velours noir à larges clous d'or : tête découverte, cheveux demi-longs. Il est entièrement vêtu de noir, sauf un col blanc uni rabattu et des manchettes. De la main droite, tombant sur le bras de la chaise, il tient une plume ; de la gauche, un papier. A gauche, une table couverte d'un tapis noir sur laquelle est placée une cassette rouge.

Derrière le personnage, un rideau noir relevé par des lambrequins jaunes. Au fond, à droite, on aperçoit un tableau.

Vente Despinoy, n° 744. Sous le nom de Ch. Lebrun.

Toile. Haut., 1 m. 27 cent.; larg., 96 cent.

BELLINI
(GIOVANNI)
1426 † 1516

625 — Tableau votif.

« La Vierge assise regarde l'Enfant Jésus porté sur ses genoux et qui bénit de la main droite, tandis que la mère touche la tête d'un donateur richement vêtu et dévotement agenouillé devant eux. En arrière de ce dernier, dont on ne voit que la tête et le haut du corps, saint Paul, l'épée nue passée sous le bras droit, semble dire une prière. A sa gauche et sur le second plan, tourné de face, un jeune homme, la tête nue et armé d'une cotte de mailles (saint Théodore), tient un cierge orné de croix rouges. Auprès de lui est une jeune femme qui prie. A côté de celle-ci, une sainte (sainte Catherine), vue de face et voilée, porte une couronne de fleurs et tient une palme.

« Ce tableau, légué par testament au célèbre Canova par le cardinal Rezzonico, a été acquis de Mgr l'évêque, frère et héritier de ce grand artiste. »

Vente Pourtalès, n° 17.
Vente Salamanca, n° 54.

Gravé au trait par Gaillard en tête du catalogue Pourtalès.

Bois. Haut., 75 cent.; larg., 1 m. 11 cent.

CALLET

(D'après ANTOINE-FRANÇOIS)

1741 † 1823

626 — **Louis XVI.**

Plus petit que nature, de face en pied. Costume royal. La main gauche tient le chapeau à plumes blanches, la droite s'appuie sur le sceptre, soutenue par un coussin fleurdelisé sur lequel sont placées la couronne et la main de justice.

Derrière le roi, une draperie bleue soutenue par une colonne de marbre.

Ancienne collection du château de Mello. L'original de ce portrait est au Musée de Versailles, n° 3890.

Toile. Haut., 1 m. 83 cent.; larg., 1 m. 67 cent.

COYPEL

(ANTOINE)

1661 † 1722

627 — **Jean-François Regnard, poète comique (1655 † 1709).**

Grandeur naturelle, à mi-corps, de face, grande perruque noire. Manteau de satin gris noir enveloppant tout le corps. Rabat de dentelle.

Fond sombre.

Toile. Haut., 81 cent.; larg., 65 cent.

DROUAIS

(FRANÇOIS-HUBERT)

1727 † 1775

628 — **Charles X (Charles-Philippe de France, d'abord comte d'Artois, puis roi de France).**

Grandeur naturelle, en pied, de face, costume de chevalier du Saint-Esprit. La main droite, appuyée sur une table couverte d'un tapis rouge, tient un chapeau noir à plumes blanches. La gauche s'appuie sur la hanche. Dans le fond, une draperie rouge. Plus loin, à droite, une statue équestre de Henri IV en marbre blanc.

Ancienne collection du château de Mello. Répétition originale du tableau du Musée de Versailles, n° 3974.

Toile. Haut., 2 m. 35 cent.; larg., 1 m. 60 cent.

COLLECTION SEILLIÈRE

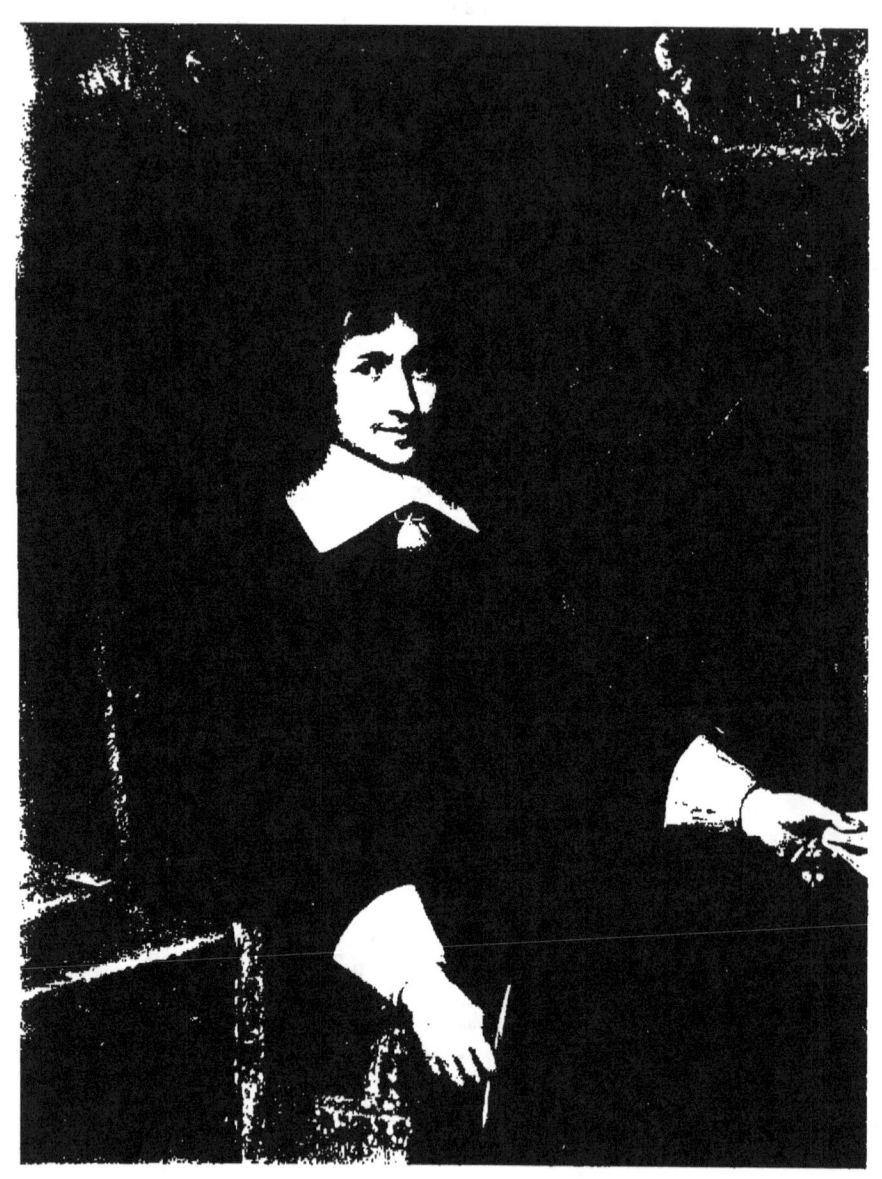

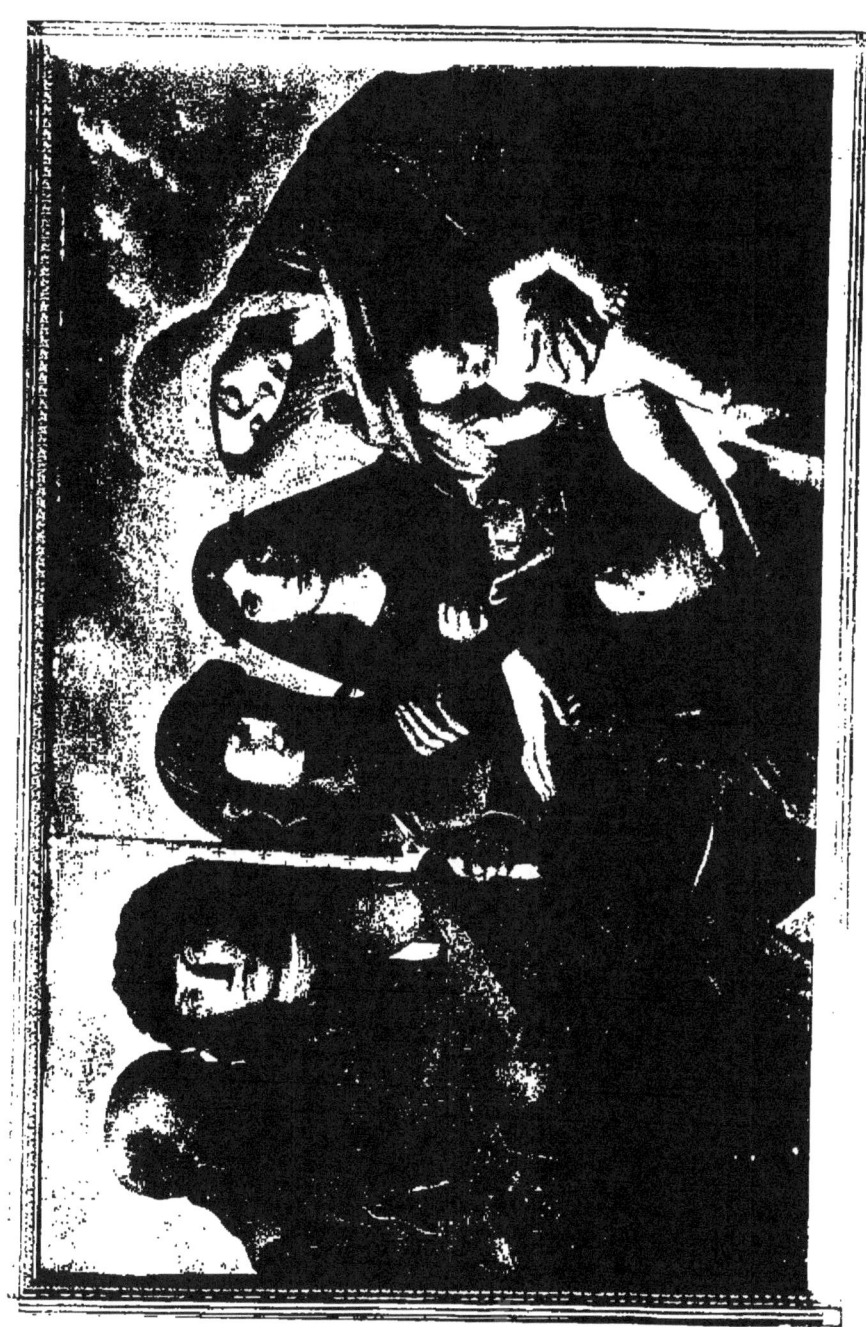

DROUAIS

(Attribué à)

629 — Portrait de Madame de Pompadour.

En buste, presque de face, cheveux poudrés, coiffée d'une pointe de dentelle blanche nouée sous le menton; vêtue d'une robe bleue garnie de dentelle.

Toile ovale. Haut., 55 cent.; larg., 45 cent.

DROUAIS

(Attribué à)

630 — Madame Dugazon (Louise-Rosalie Lefèvre), reçue à la Comédie Italienne en 1776.

Grandeur naturelle, en buste, de face. Cheveux poudrés, ornés d'une rose blanche et rattachés par un ruban lilas. La poitrine à découvert, légèrement voilée d'une gaze rayée.

Toile ovale. Haut., 55 cent.; larg., 45 cent.

VAN DYCK

(D'après)

631 — Marie de Médicis, reine de France (1575 † 1642).

Grandeur naturelle, jusqu'aux genoux, assise, de profil à droite. Robe noire, guimpe et manchettes blanches. La main droite, appuyée sur le genou, tient une rose rose.

A gauche, sur une table couverte d'un tapis fleurdelisé, la couronne de France.

Au fond, la flèche de la cathédrale d'Anvers.

Ancienne collection du château de Mello.

Toile. Haut., 1 m. 5 cent.; larg., 85 cent.

ECOLE FRANÇAISE

(vers 1655)

632 — **Élisabeth-Angélique de Montmorency, duchesse de Mecklenbourg-Schwerin (1626 † 1695).**

> Grandeur naturelle, en buste, de face. Robe bleue découvrant la poitrine, corsage orné de pierreries ; sur l'épaule droite, un nœud de rubans blancs fixé par un bijou.
>
> Elle épousa : 1° en 1645, Gaspard de Coligny, duc de Châtillon ; 2° en 1664, Christian-Louis, duc de Mecklenbourg-Schwerin ; elle mourut à Paris le 24 janvier 1695.
>
> Toile ovale. Haut., 75 cent.; larg., 60 cent.

ECOLE FRANÇAISE

(vers 1670)

633 — **Louis-Armand de Bourbon, prince de Conty (1661 † 1685), et Anne-Marie de Bourbon, fille légitimée de Louis XIV et de Mlle de La Vallière (1661 † 1739).**

> A droite, le prince de Conty est vu de face, habit bleu brodé d'or, avec manches à revers rouge, cravate rouge, rabat de dentelle blanche. Il tient une corbeille de fleurs.
>
> A gauche, Anne-Marie est vue de face, robe violette décolletée. De la main droite, elle tient des fleurs dans un pan de sa robe ; de la gauche, elle cueille une fleur à un oranger planté dans un bassin de cuivre.
>
> Le prince de Conty épousa Anne-Marie le 16 janvier 1680.
>
> Toile. Haut., 84 cent.; larg., 1 m. 12 cent.

ECOLE FRANÇAISE

(XVIIᵉ SIÈCLE)

634 — **Henri de la Tour d'Auvergne, vicomte de Turenne, maréchal de France (1611 † 1675).**

Grandeur naturelle, debout, à mi-corps, tête nue ; cuirasse, écharpe blanche autour de la taille.
Les deux mains sont gantées. De la droite, il tient le bâton de maréchal. La gauche s'appuie sur la hanche.
Dans le fond, un combat de cavalerie.
Ancienne collection du château de Mello.

Toile. Haut., 1 m. 4 cent.; larg., 1 m. 40 cent.

ECOLE FRANÇAISE

(XVIIᵉ SIÈCLE)

635 — **Portrait présumé de Molière jeune.**

Grandeur naturelle, en buste, de face.
Tête découverte, longue perruque châtain foncé, manteau brun. La main droite, appuyée sur le bras gauche, tient un manuscrit roulé.

Toile ovale. Haut., 72 cent.; larg., 60 cent.

ECOLE FRANÇAISE

(PREMIÈRE MOITIÉ DU XVIIᵉ SIÈCLE)

636 — **Portrait de Louis XIII.**

Grandeur naturelle, vu au-dessous des genoux. Le roi est debout, tourné vers la droite, la tête découverte vue de face. Armure d'acier bruni à rivets fleurdelisés. Grand col de dentelle rabattu sur les épaules. Cordon du Saint-Esprit, écharpe blanche. De la main droite il tient une canne ; la gauche, gantée, tient la poignée de l'épée. Sur la table, à gauche, un gantelet et un casque à panache blanc. Derrière le roi, un rideau rouge.

Toile. Haut., 1 m. 76 cent.; larg., 1 m. 25 cent.

ECOLE FRANÇAISE

(vers 1640)

637 — **Henri II, duc de Montmorency, amiral et maréchal de France (1595 † 1632).**

Il est vu à cheval, en pied, galopant vers la gauche. Tête nue, fraise plissée, cuirasse dorée, écharpe blanche, cordon bleu. Il tient un bâton de maréchal dans la main droite et monte un cheval pie. Dans le fond, une bataille.
Vente Despinoy, n° 632.

Marbre blanc. Haut., 32 cent.; larg., 26 cent.

ECOLE FRANÇAISE

638 — **Élisabeth-Angélique de Montmorency.**

En buste, presque de face, perles dans la coiffure, robe bleue avec bijoux.

Toile. Haut., 38 cent.; larg., 31 cent.

ECOLE FRANÇAISE

(SECONDE MOITIÉ DU XVII° SIÈCLE)

639 — **Madame d'Heudicourt Bonne Pons (1644 † 1709).**

Grandeur naturelle jusqu'aux genoux, assise de profil, à droite. Robe jaune décolletée, jupe bleue. Les mains croisées, le bras gauche soutenu par un coussin rouge placé sur une table couverte d'un tapis rouge. Fond noir.
On lit l'inscription : *Bonne Pons d'Heudicourt*.
Vente Despinoy, n° 695.
Le titre de marquis d'Heudicourt était porté, au XVII° siècle, par les seigneurs de Noyers, sieurs de la Boissière, barons de Dangu et seigneurs d'Heudicourt.

Toile. Haut., 90 cent.; larg., 81 cent.

ECOLE FRANÇAISE
(vers 1670)

640 — **Raimond de Montecuculli, prince de Melphe, feld-maréchal (1608 † 1680).**

Grandeur naturelle, debout, vu jusqu'aux genoux, de face. La tête couverte d'un chapeau noir à plumes rouges. Cuirasse d'acier bruni entourée à la taille d'une écharpe blanche. Manches de drap d'argent brodées d'or. Gants gris à la Crispin. Pan de l'habit café au lait, doublé de blanc. Sur l'épaule droite, un nœud de rubans rouges. La main droite tient une canne ; la gauche s'appuie sur la hanche. Au fond, une colonne.

Haut., 1 m. 16 cent.; larg., 89 cent.

ECOLE FRANÇAISE
(vers 1680)

641 — **Michel Boyron dit Baron, acteur (1653 † 1729).**

Il est en costume de théâtre, debout, en pied, de face. Chapeau à hautes plumes blanches, perruque tombant très bas.

Justaucorps et tunique brodés d'argent, larges nœuds rouges. Bas bleus, cothurnes à lanières d'argent. La main gauche s'appuie sur la hanche.

Haut., 55 cent.; larg., 44 cent.

ECOLE FRANÇAISE
(XVIIe SIÈCLE)

642 — **Louis II, prince de Condé, dit le Grand Condé (1621 † 1686).**

Grandeur naturelle, debout, à mi-jambes, tourné vers la gauche. Tête découverte, longue perruque noire, armure, écharpe blanche passant sur l'épaule droite. La main gauche s'appuie sur un socle, sur lequel est un casque ; la droite tient un bâton de commandement. Derrière lui, un rocher. Dans le fond, à gauche, un rocher surmonté d'une citadelle et entouré par un cours d'eau.

Ancienne collection du château de Mello.

Toile. Haut., 1 m. 28 cent.; larg., 96 cent.

ECOLE FRANÇAISE

(vers 1710)

643 — Marie-Anne, duchesse de Bourbon-Conty, duchesse de Bourbon (1689 † 1720).

Grandeur naturelle, à mi-jambes, de face, debout, cheveux blonds, dont une natte tombe sur l'épaule droite. Robe bleue découvrant la poitrine, manteau rouge doublé d'hermine. Les deux mains tiennent une guirlande de roses. Le bras gauche s'appuie sur un piédestal, que surmonte un groupe représentant un amour monté sur un dauphin.
Collection Despinoy.

Marie-Anne de Bourbon-Conty épousa, en 1713, son cousin, Louis-Henri de Bourbon, duc de Bourbon, connu sous le nom de *Monsieur le Duc*, premier ministre en 1723, mort en 1740.

Toile. Haut., 1 m. 39 cent.; larg., 95 cent.

ECOLE FRANÇAISE

(XVIIIe SIÈCLE)

644 — Jacques-Léonor Rouxel, comte de Médavy, maréchal de France (1655 † 1725).

Grandeur naturelle, debout, à mi-jambes, tourné de profil, à droite, la tête de face. Tête nue, grande perruque. Cuirasse recouvrant un justaucorps jaune. Autour de la taille, une écharpe blanche. La main droite s'appuie sur un bâton de maréchal fleurdelisé, soutenu sur un tertre. Fond de paysage.

Sur le tertre, se lit très difficilement cette inscription, qui en a recouvert une première devenue complètement illisible :

Ex dono principis Cormery anno.....

Ancienne collection du château de Mello.

Toile. Haut., 1 m. 34 cent.; larg., 1 m. 3 cent.

ECOLE FRANÇAISE

(vers 1780)

645 — Marie-Thérèse de Savoie, comtesse d'Artois (1756 † 1805).

Grandeur naturelle, en buste, de profil, à gauche, la tête de face. Cheveux poudrés ornés d'une aigrette de plumes blanches.

Robe blanche bouillonnée découvrant la poitrine et ornée de perles et de fleurs.

Ancienne collection du château de Mello.

Au revers, un cachet de cire aux armes de France, avec l'inscription en exergue : Domaine du Roy.

Pastel. Haut., 64 cent.; larg., 52 cent.

LARGILLIÈRE

(NICOLAS DE)

646 — Dame d'Harancourt, mariée à George d'Entraigues, duc de Phalaris (1696? † 1782).

Grandeur naturelle, vue jusqu'aux genoux, assise de face. Cheveux poudrés. Robe jaune mais décolletée, draperie vert pâle. La main gauche s'appuie sur une urne d'où s'épanche une source.

Dans le lointain, effet de soleil couchant à travers les arbres.

Ce tableau a figuré à l'Exposition des portraits historiques, en 1878, où il a été catalogué sous le nom de De Troy.

Toile ronde. Diam., 90 cent.

LENAIN

(Attribué aux frères)

(vers 1650)

647 — Henri Coiffier de Ruzé, marquis de Cinq-Mars (1620 † 1642).

Grandeur naturelle, debout, de face, tête nue. Veste blanche à crevés, large col de guipure. Baudrier doré soutenant l'épée. Haut-de-chausses vert brodé d'argent, bottes de cuir blanc doublé de rouge. La main droite s'appuie sur la hanche, la gauche, sur une canne. Au pied d'une table couverte d'un tapis vert, un casque doré. A gauche, une cuirasse et des brassards dorés. Draperie verte.

Au Musée de Versailles figure une copie de ce portrait, qui a été exécutée par Lestang (n° 3401).

Vente Louis-Philippe, n° 260.

Lithographié dans la *Galerie du Palais-Royal*.

Toile. Haut., 2 m. 15 cent.; larg., 1 m. 5 cent.

LOO

(D'après CARLE VAN)

1705 † 1765)

648 — Louis XV, roi de France.

Le roi est vu en pied, de grandeur naturelle, de face; cuirasse, habit jaune, guêtres de cuir noir. Sa main gauche s'appuie sur la hanche. De la main droite, il tient un bâton de commandement fleurdelisé, qu'il appuie sur une table chargée du manteau royal, du sceptre et de la couronne. Derrière le roi, un rideau rouge.

Ancienne collection du château de Mello.

L'original est au Musée de Versailles (n° 190).

Toile. Haut., 1 m. 98 cent.; larg., 1 m. 50 cent.

LOO

(École des VAN)

649 — Portrait du maréchal de Villars.

A mi-corps, de trois quarts, tourné vers la droite; longue perruque grise; il est revêtu de l'armure, portant le cordon du Saint-Esprit et l'écharpe blanche. Il tient le bâton de commandement fleurdelisé.

Toile. Haut., 89 cent.; larg., 65 cent

MIGNARD

(NICOLAS)
1608 † 1668

650 — Madame de Montespan couronnée par l'Amour.

Vue à mi-corps, en peignoir garni de dentelle ; elle ramène sur la poitrine une draperie bleue qu'elle soutient des deux mains.

Répétition du tableau de Versailles.

Toile. Haut., 75 cent.; larg., 61 cent.

MURILLO

(ESTEBAN)
1618 † 1682

651 — Têtes d'enfants.

Un enfant, à la physionomie résolue et provocante, serre dans la main un couteau, qu'il montre par le manche, et paraît sommer un de ses camarades de partager avec lui la moitié du pain qu'il porte sous son bras. L'enfant menacé se met en garde et semble décidé à lui tenir tête. Un troisième petit garçon sourit malicieusement à cette querelle. Enfin, un quatrième enfant, à la mine souffreteuse, au corps chétif et demi-nu, se réfugie derrière le provocateur, comme dans l'espoir de profiter de son butin s'il est le plus fort.

Vente Soult, n° 70.

Gravé au trait dans *Réveil*, tome II, page 107.

Toile. Haut., 52 cent.; larg., 1 m. 4 cent.

NATTIER

(JEAN-MARC)
1685 † 1766

652 — Anne-Henriette de France, dite Madame Henriette, seconde fille de Louis XV (1727 † 1752).

Grandeur naturelle, en buste, tournée à gauche, la tête de trois quarts. Cheveux poudrés ornés d'une fleur rouge et retombant par deux boucles sur le sein. Épaules nues. Robe de toile d'or bordée de point d'Alençon. Fond gris.

Toile. Haut., 54 cent.; larg., 43 cent.

RIGAUD

(HYACINTHE)

1659 † 1743

653 — **François de Neuville, duc de Villeroy, maréchal de France (1644 † 1730).**

    Grandeur naturelle, debout, jusqu'aux genoux, de profil, à droite, la tête de face. Grande perruque poudrée. Cuirasse d'acier bruni à ornements d'or, cordon du Saint-Esprit. Écharpe blanche autour de la taille. De la main droite, il tient un bâton de maréchal de France ; de la gauche, il s'appuie sur un casque à panache violet.

    Dans le fond, à droite, un défilé de troupes ; à gauche, une citadelle en flammes.

    Gravé par Édelinck.

Toile. Haut., 1 m. 35 cent.; larg., 1 m. 12 cent.

RIGAUD

(Attribué à)

654 — **François III, comte d'Estaing (1674 † après 1725).**

    Grandeur naturelle, debout, jusqu'aux genoux. Tête découverte, longue perruque, armure d'acier bruni. Cordon du Saint-Esprit. Une draperie rouge passe sur l'épaule gauche et flotte derrière le corps. De la main droite, il tient un bâton de commandement ; de la gauche, il indique un combat de cavalerie derrière lui.

    A droite, l'inscription : *François, Cte d'Estaing, C^{er} des ordres du Roy, lieu^{nt} g^{al} de ses armées, gouvern^r de Douai en 1725.*

Hauteur, environ 1 m. 50 cent.; larg., 1 m. 20 cent.

RIGAUD

(D'après HYACINTHE)

1659 † 1743

655 — **Louis XIV.**

« Il est debout, tourné à gauche, la tête nue, couvert du manteau royal, et s'appuie sur le sceptre.

« La couronne et la main de justice sont posées auprès de lui, à gauche, sur un coussin.

« A droite, derrière le roi, le trône et un rideau de velours rouge. »

Voir *Notice des tableaux du Louvre, École française*, par F. Villot, 1869.

Gravé par Pierre Drevet en 1712.

L'original (Musée du Louvre, École française, n° 475) est daté de 1701.

Toile. Haut., 2 m. 35 cent.; larg., 1 m. 60 cent.

RIGAUD

(École de HYACINTHE)

656 — **Louis de France, duc de Bourgogne (1682 † 1712).**

Grandeur naturelle, debout, à mi-jambes, tourné de profil à gauche; la tête de trois quarts, tête nue, longue perruque noire. Armure et cordon du Saint-Esprit, écharpe blanche autour de la taille. La main gauche tombe le long de la cuisse; de la droite il montre l'horizon.

Fond de montagnes.

On rencontre fréquemment des répétitions de ce portrait. Le Musée de Versailles en possède une sous le n° 2101.

Toile. Haut., 1 m. 16 cent.; larg., 90 cent.

TROY

(FRANÇOIS DE)

1645 † 1730

657 — **Portrait de jeune femme.**

Tiers de grandeur naturelle, à mi-corps, de face. Cheveux noirs, épaules nues. Les deux mains retiennent sur la poitrine une robe orange.

Le bras droit s'appuie sur une tête de mort. Signé : *F. de Troy pinx. 1680.*

Toile. Haut., 61 cent.; larg., 54 cent.

VERNET

(JOSEPH)

1714 † 1789

658 — Marine; effet de lune.

A droite, au premier plan, un portique élevé sur un bastion. Au bas du bastion, divers personnages groupés autour d'un feu sur lequel est un chaudron.

Canons, cordages, poulies, tonneaux, un homme endormi sur une ancre. Plus loin, dans une barque, des pêcheurs jettent leurs filets. Un homme pêche à la ligne. A gauche, un chien. Dans le fond, la mer et deux navires à trois mâts. Celui de droite a ses voiles carguées. Ciel chargé de nuages au milieu desquels apparaît la pleine lune se réfléchissant dans la mer par une traînée lumineuse. Signé : *J. Vernet F. 1774*.

Salon de 1775, n° 32.

Ce tableau, ainsi que le suivant enregistré sous le même numéro dans le livret du Salon de 1775, appartenaient alors à M. de Pressigny.

Le livre de vente de Joseph Vernet contient l'indication suivante : « Le 14 mars 1775 j'ai reçu de M. de Pressigny 2,400 livres pour prix d'un tableau de trois pieds que je lui ai fait, 96 livres pour la bordure. » (*Joseph Vernet*, par M. Léon Lagrange, p. 368.)

Ancienne collection du château de Mello.

Toile. Haut., 1 m. 8 cent.; larg., 1 m. 59 cent.

VERNET
(JOSEPH)
1714 † 1789

659 — **Marine ; soleil couchant.**

A droite, au premier plan, sur des rochers, des marchands de poisson, un homme traînant une raie attachée à une corde, un Turc causant avec une femme turque. Plus loin, des fabriques, un édifice, un navire que l'on calfate ; encore plus loin, des montagnes.

Au centre, un navire à trois mâts et à deux ponts, portant pavillon anglais, dont on cargue les voiles. Un canot à six avirons s'éloigne de lui. A gauche, au premier plan, des pêcheurs débarquent du poisson d'un canot. Au second plan, des rochers que surmonte une tour carrée où flotte un pavillon rouge. Plus loin, un navire à trois mâts portant pavillon français. Au fond, un phare et des montagnes se perdant dans la brume du soir ; dans le ciel, de légers nuages au milieu desquels apparaît le disque du soleil. Signé : *J. Vernet F. 1774*.

Salon de 1775, n° 32.

Ancienne collection du château de Mello.

Toile. Haut., 1 m. 8 cent.; larg., 1 m. 59 cent.

WEENIX
(JAN)
1644 † 1719

660 — **Paysage et architecture.**

Sous un portique à hautes colonnes de marbre rouge, de nombreux personnages. A droite, au premier plan, une marchande de gibier à qui un homme, coiffé d'un turban, donne de l'argent. Auprès d'elle, un grand pot de cuivre contre une draperie rosée. Plus loin, deux chiens. Au fond, sur un piédestal, le groupe de l'*Enlèvement d'Orithyie* en marbre. Dans le lointain, des navires sous voiles, des rochers et la mer. Signé : *J. Weenix*.

Vente Salamanca, n° 147.

Toile. Haut., 90 cent.; larg., 1 m. 18 cent.

WERTMULLER

(ADOLF-ULRIC)

peintre suédois

1751 † 1811

661 — Marie-Antoinette d'Autriche, reine de France (1755 † 1793).

Grandeur naturelle, en buste, de face. Haute coiffure poudrée ornée d'un ruban lilas et de deux plumes blanches. Corsage décolleté lilas, couvert d'un léger fichu blanc. Rubans lilas.

Ancienne collection du château de Mello.

Toile ovale. Haut., 70 cent.; larg., 52 cent.

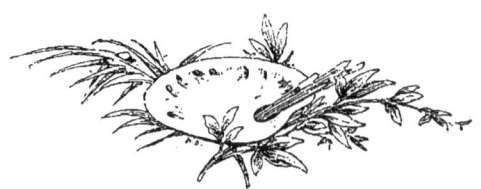

www.ingramcontent.com/pod-product-compliance
Lightning Source LLC
Chambersburg PA
CBHW052301220526
45471CB00001B/434